フィールドワーク選書 17　印東道子・白川千尋・関 雄二 編

# コリアン社会の変貌と越境

朝倉敏夫 著



臨川書店

# 目　次

はじめに

第一部　コリアン社会の変貌——都草島調査を中心に …… 9

第一章　都草島への道 …… 13

第二章　島での生活 …… 49

第三章　その後のつきあい …… 81

第二部　越境するコリアン社会 …… 115

第四章　中国での調査 …… 121

1　中国東北部の朝鮮族　121

2　中国朝鮮族と中国韓人　141

第五章　アメリカ合衆国およびその他の地域での調査……153
1　ワシントンDCのコリアン　153
2　海外コリアンの研究に　169
第六章　サハリンでの調査……181
1　サハリン韓人の食生活　181
2　サハリン韓人のライフヒストリー　199
おわりに
関連文献・参考文献

# はじめに

私は韓国で調査を始めて三十余年を数える。本書は、はじめて韓国農村で行った家族の調査から、最近関心をもって進めている海外コリアンの調査にいたるまで、いささかオールドファッションではあるが、私のフィールドワークを点描するものである。そして、私のフィールドワークを通して、調査対象としてきた韓国社会の変化をながめると同時に、韓国社会の変化にともなって推移してきた私の研究について自省してみたいと思う。私にとっては、私のフィールドワーク半生記であり、反省記ではあるが、読者の皆さんにフィールドワークの面白さやむずかしさを伝えられればと思っている。

一九五〇年生まれの私は、すでに人生の半分を韓国とつきあって生きてきたことになる。もちろん、この道はまだ終わったわけではない。むしろ、これまでやってきた研究は、まだまだ完結しておらず、中途半端なままのものが多い。その意味でも、来年二〇一六年三月に定年を迎えるにあたって、これまでの歩みをはじめから一度振り返って見ることもよいのかなと考えたのが、本書を書こうと思った理由でもある。あわせて、本書のシリーズは、「フィールドワークそのものについて」を描くことに目的があると聞いた。そこで、本書では、研究の成果ではなく、その間、どんなふうに調査を行ってきたのかを、思い出して書いてみる。

第一部の「コリアン社会の変貌」は、一九八〇年から今も続けている都草島での調査についてである。私だけでなく、日本人の韓国研究者には、長期間にわたって同じ調査地を研究する者が多かった。これに対して、韓国人研究者から「なぜ日本の研究者は、毎年のように同じ調査地に来るのか」と問われたことがある。現在のような問題解決型の研究で、かつ成果を早くだすよう促される日本の若い研究者からも、同じ質問がでてきそうである。

その答えは、韓国研究の先輩である伊藤亜人さんの『韓国珍島の民俗紀行』、『珍島—韓国農村社会の民族誌』や嶋陸奥彦さんの『韓国道すがら—人類学フィールドノート三十年』が正解をだしてくれている。それらと同じように本書が正解の一つとなっているかは自信がない。ただ、私にとっては、長期間同じ調査地をフィールドワークすることは、韓国社会を研究するために定点観測と複眼的な視点という二つの利点を与えてくれたと考えている。

第二部の「越境するコリアン社会」は、海外コリアンの調査についてである。調査地は、中国、アメリカ、そしてロシア・サハリンに及んでいる。韓国の小さな島から、調査対象地域が一挙に世界に広がっている。また、こちらはほとんどが共同調査である。共同調査においては、一人での調査とちがって、時間的な制約がある。しかし、一人ではもてないさまざまな視点で集中的なアプローチを可能にしてくれる。しかも、幸いにして私はすばらしい研究仲間とともに、共同調査をすることができた。

本書では、こうした二つの対照的な調査体験を紹介する。前者は、時間（調査期間）はあるがお金（調査経費）がない時代、後者は、お金はあるが時間がない時代の調査でもある。定年を迎えると、そのどちらもない時代に入るのかも知れない。しかし、健康であるかぎり、フィールドワークを続けていきたいと思っている。そう私に思わせてくれるフィールドワークとは何なのか、本書を書いてみてあらためて考えてみたい。

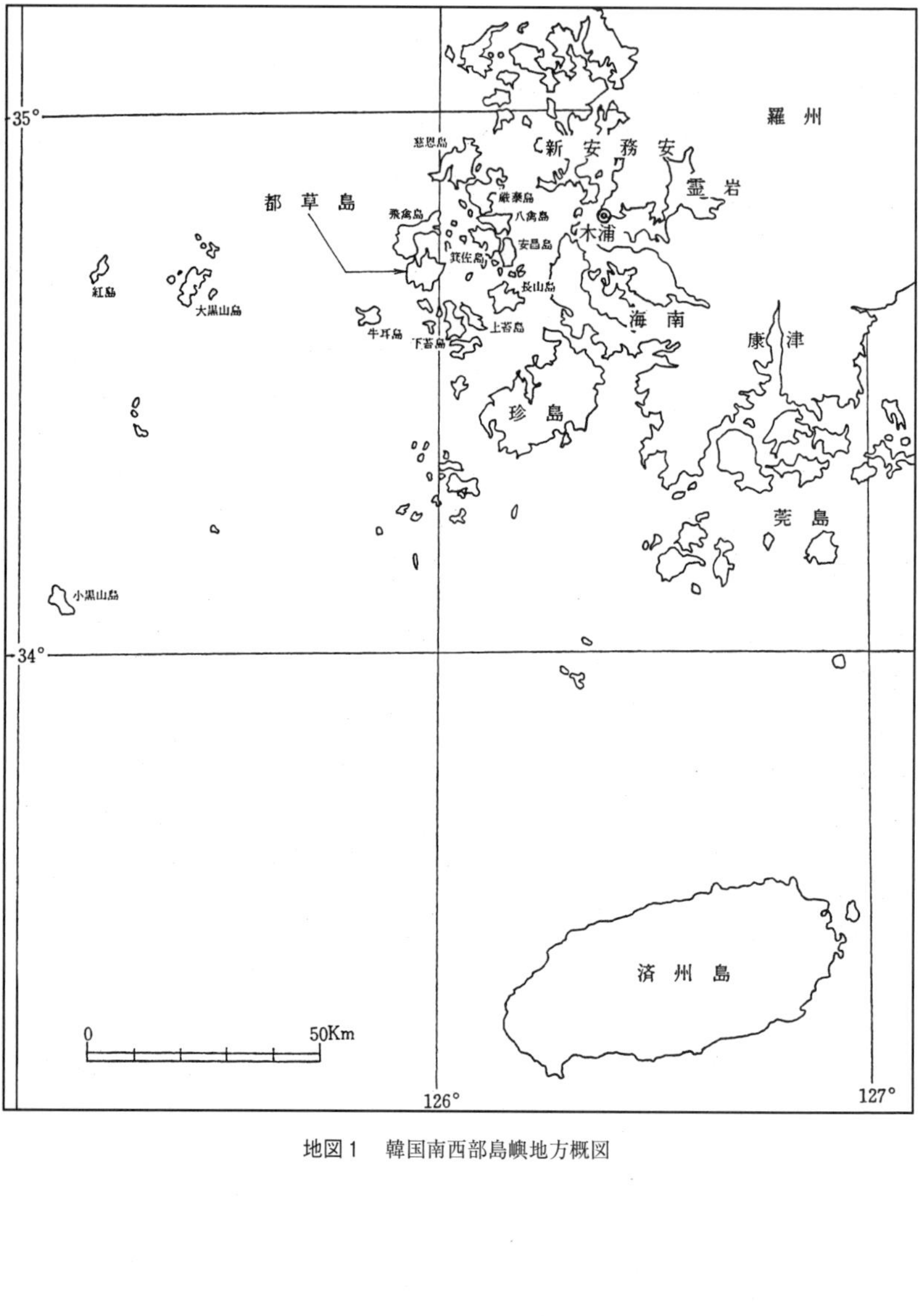


地図１　韓国南西部島嶼地方概図

# 第一部　コリアン社会の変貌――都草島調査を中心に

「モッポ（木浦）、南西の風、風力2、…。」日本の気象予報に登場する木浦は、全羅南道の最南端（湖南線の終着駅）に位置する。韓国では一九三五年に発売された「モッポエヌンムル（木浦の涙）」という歌謡曲が、今でもよく歌われている。歌詞は、出かけていった愛しい人を思う新妻の寂しい思いを、港町木浦の風景と重ね合わせて歌われているが、植民地支配に苦しむ韓国人の恨をも暗喩として表している。

私は二〇一三年十二月十一日から十三日にかけて、この木浦に行った。この年の十月に、私はこれまでの研究と文化交流に対して韓国の玉冠文化勲章を授与された。その記念に、なにか話をしてくれという新安文化院の金京完事務局長からの依頼を受け、十三日に木浦にある新安ビーチホテルで開かれる新安文化院の講演会で、「食文化を通して見た韓日比較」というタイトルで話をするためであった。

そこで、十三日の二日前、十一日に大阪を発つことにした。それは、この講演会の前に、私の韓国研究にとって、その始まりの地である都草島に行き、お世話になった家に、お礼を述べたかったからである。都草島は木浦港を起点とする船により結ばれる新安郡の多島海のなかに位置し、行政上は全羅南道新安郡都草面に属している。

私は、一九八〇年に、都草島の莘郊里というムラの「キョンスの家」に泊まりながら、フィールドワークをした。キョンスは子どもの名前である。日本でも「誰々ちゃんの家」ということがあるが、韓国のムラでは子どもの名前を頭につけて、その家を呼ぶ。その時一番お世話になったキョンスのハラボジ（おじいさん）とハルモニ（おばあさん）は、すでに亡くなっていた。しかし、アボジ（お父さん）とオモニ（お母さん）が、まだその時に泊まった家に暮らしている。せめてハラボジとハルモニのお墓に行き、授章の報告をしたいと思ったのである。

そのときのフィールド・ノートには、以下のようなメモがある。

十二月十一日午前、金事務局長より、木浦は風雪が強く、明日は都草に行く船は出ないのではないかと研究室にメールが入る。十七時に関空発、十九時に仁川空港に到着。

ソウルの江南にある高速バスターミナルまでバスで移動、二十時過ぎに到着。木浦までのバス代、一万五〇〇〇ウォン。金事務局長に電話。木浦は雪が降っており、今日は都草に行く船が欠航したと聞く。私はこれまでの経験上、丸二日続けて欠航することは少ないと思ったが、それでも冬の天気は予想がむずかしいことは知っていた。

二十二時発の木浦行き夜行バスに乗る。ソウルから木浦まで約三五〇キロメートル。

十二日、午前一時四十分、木浦のバスターミナルに到着。

近くのモーテルで仮眠、三万ウォン。

五時四十五分、起床。曇り、気温は〇・四度。

六時四十五分にタクシーに乗り、旅客船ターミナルに向かう。

七時に着く。タクシー代は五五〇〇ウォン。都草行きの船が出ることを確認する。

七時五十分発の高速船の切符を一万九三〇〇ウォンで購入。金事務局長に電話。土産用のリンゴ一箱（三万五〇〇〇ウォン）を買い乗船。

八時四十五分に船内アナウンス。

八時五十分、都草島の向かいの飛禽島に着く。二つの島は橋でつながれており、飛禽島から都草島に向かう小型バスに乗る。運賃千ウォン。

九時十分、都草島でタクシーに乗り換え、調査地の莘郊里で降りる。代金は七〇〇〇ウォン。アボジと会う。ちょうど私を船着き場まで迎えに行くところだったという。

アボジとオモニに挨拶。ハラボジ、ハルモニの墓に行きたいと言うが、墓に行く道が草で遮られ、おまけに前日からの雪で、道がぬかるんでいて、とても墓には行けないと言われた。ムラを一回り散策。

十一時十五分、アボジの車で飛禽島まで送ってもらう。木浦までの切符一万七八〇〇ウォン。

十二時十分発予定の船に十二時十七分に乗る。

十三時二十分、木浦着。

この時も、ハラボジとハルモニの墓に行きたいという目的は果たせなかった。それでも天候不良で船が出ないかも知れないという金事務局長の心配も杞憂に終わり、なんとか都草島まではたどりつき、アボジとオモニには会えた。フィールドワークは、天候をはじめとする思わぬ事態や、相手の都合もあり、常にこちらの思う通りには、ことは運ばない。それでも、そうした状況のなかで、何ができるのかを考え、その時、その時、できることを一所懸命にするだけである。たとえ墓には行けなくとも、私の思いはハラボジとハルモニに伝えることはできたのではないか。都草島から木浦に戻る船のなかで、私はそんなことを考えた。

このフィールド・ノートに書かれているのは、もっぱら時間と金額の数字である。しかし、その行間にはさまざまな思いがある。大阪からソウル、ソウルから木浦、木浦から都草島、そして都草島から再び木浦まで、わずか二十時間の旅程であったが、その間に、私の頭の中は、一九八〇年に初めて都草島に渡った時のことから、これまでの出来事が、走馬燈のように駆け巡っていた。それらの思いのすべては、フィールド・ノートをめくっても思い出せるわけではない。しかし、その時、その時、思った断片は、拾い集めることはできる。三十年余前から、その時々に記録したフィールド・ノートをめくりかえしながら、そこに書かれた断片をつなぎあわせて、私のフィールドワークの体験を綴っていくことにしよう。そして、キョンスの家族とのつきあいを通して、三十余年の韓国社会の変貌を描いていきたいと思う。

# 第一章　都草島への道

## はじめての都草島

私が初めて都草島に行ったのは、一九八〇年一月五日であった。韓国での調査を考え、七九年七月からソウルで下宿生活をしながら、韓国語を習い、調査に行く準備をしていた。そんな折り、東京で国際基督教大学の非常勤助手をしていた時に知り合った全南大学の朴光淳教授が木浦大学の学長になられ、朴教授の先輩が都草中・高等学校の校長をされているというご縁で、都草島に行ってはどうかという話をいただいた。木浦大学を訪ねると、朴教授は、ご自身のもとにいた李延甲助手を同行させてくれた。しかし、都草島には誰一人として顔見知りはおらず、ただただ緊張していたことだけを思い出す。

その日のノートには、十四時に木浦を出発する予定の船が少し早く十三時五十五分に出航、都草には十七時四十分に到着と書いてある。冬のどんよりとした空のなか、船に乗り込んだ。船の客室は一階部分と下甲板の二ケ所にあった。一階部分は満員なので、階段を降りて下甲板の船室に行くと、花札をする人たち、横になって寝ている人、人びとは思い思いに時間を過ごしていた。私は船室の片隅に腰を下ろした。耳から聞こえる韓国語は、ソウルで習ったものとはまるで違って聞こえ

写真１　都草島の船着き場のあるプルソム（火島）。向かいの飛禽島に大宇病院があり、小舟が通っている。ここまでが内海で、外海の黒山島、紅島は観光地化されている。（1980年撮影）

たし、裸電球がぶら下げられた船室は薄暗く、目には陽に焼けて黒い顔の人たちの白い歯だけが入ってきた。

　船着き場に着くと、李助手は私を連れて茶房（喫茶店）に入った。そこから校長先生に電話を入れ、バスで学校のある都草面（面は行政単位）の面事務所と都草中・高等学校がある羅泊浦に向かった。羅泊浦の茶房に入ると、校長先生が待っており、刑事と島の有力者と思われる人、茶房の女主人が相席した。李助手が私を紹介し、都草島で長期滞在するのにどこかよい家を探してほしいと伝えたようだった。

　私も彼らが何を話しているのか、正確には聞き取れずにいたが、彼らも歳は三十近くになっているのに、言葉は小学生以下という私に、どう話しかけたらよいのか、困っているように見えた。しかし、どうやらこの島には植民地期に日本人の小学校の先生が下宿しており、その家の主人は日本語ができるので、とにかくそこに私を行かせようということになったようだった。

話がほぼまとまったのか、校長先生は私と李助手を旅館に案内し、夕食をともにした。旅館の主人は、たまたま船で隣に座っていた人だった。彼によると、天気が悪く、前日、そして朝の便が欠航したので、船が満員であったという。船に乗っている人は、ほとんどどの島の住民か知っているので、見知らぬ私たちはどこから来たのだろうと思っていたとのことだった。

翌日一月六日は八時に起き、朝食をとった後、再び茶房に行った。茶房は、島の生活において、待合室であり、応接室である。十時に面長が来て、タクシーであるムラに向かい、一軒の民家に向かった。そのムラの名前が莘郊里ということは、その時はまだ知らなかったが、どうやらその家が、植民地期に日本人の先生を下宿させていた家のようであった。部屋に入ると、二人の男性が座っていた。一人は部屋の奥におり、髭をはやしており、どこか本で見たことのある「両班（貴族階級）」という風情の老人であった。そして、もう一人、部屋の入り口の近くに座っている髪の黒い、物静かな男性であった。

私はてっきり「両班風」の老人がこの家の主人だと思い、靴下とハンカチ、タバコを差し出した。フィールドワークにでる時、お世話になる方へのお土産にと、日本から用意してきたものだった。なによりも軽くてかさばらないということで靴下とハンカチを選んだのだが、なぜか韓国では子どもたちが親孝行のお土産に靴下を買っていくということを聞いていたこともあった。しかし、家の主人はオンドル（床暖房）の焚き口の近く、部屋の入り口近くに座るものであることを知ったのは、後になってからであった。実は、髪の黒い物静かな男性が、この家の主人であり、「両班風」の老人はムラの長老の一人であった。お土産を間違えて渡してしまったのだ。

はたしてフィールドワークの最初の面接はうまくいったのか、自信のないままに、その次の面接に向かった。そこは警察の支所であった。当時は夜間通行禁止令がでており、「間諜信号」といい、不審者をみつけたらスパイの容疑があると一一三に通報という時代であった。私も島で生活するにあたって、不審者として見られたら問題になるので、警察支所長にあらかじめ挨拶をしておこうということだった。

ひととおり素性を述べたところで、支所長の一言があった。「おまえは日本人らしくないからいいだろう。」私はどういう意味かよくわからず、「日本人らしいって、何ですか？」と尋ねた。すると支所長は、こう言った。「ほら、何とかという首相がいるだろう。そういう感じさ。」その時は大平内閣であったが、私は佐藤栄作から名前をあげていった。「えーと、佐藤、田中、三木、福田…。」「そうそう、フクダ、フクダ」と支所長が答えた。

これも後でわかったことだが、韓国では日本人の悪口を言う時、ウェノムと呼ぶ。ウェは倭の字にあたり、ノムは奴という意味である。またウェの音は矮という字もあたる。つまり「倭奴」が矮小の「矮奴」に転換し、日本人は「チビ」ということになる。これに加えて、「痩せぎす」で「狡猾さをもつ」というのが、日本人のイメージである。当時のテレビ・ドラマに出てくる日本人役は、ほぼこうしたイメージをもつ俳優が演じていた。幸いに、私は身長が一七七センチあり、体重も九十キロちかくあり、おまけに狡猾にはほど遠い「まぬけ顔」ということだったのだろう。

午前中に二つの面接を終え、ともかくも莘郊里の家に泊めてもらえることになった。数日後にあらためて準備をしてから来ることを約束し、羅泊浦に戻った。午後は中・高等学校を訪れ、先生方に会った。夕方は、校長先生の官舎に招かれ、奥さんの手料理をご馳走になった。

## 都草島の概況

一月七日、朝起きると雪が十センチくらい積もっていた。朝食をとると、李助手は木浦に帰らねばならぬと十時には港に向かい、私はひとりぼっちになった。どうしてよいか悩み、とりあえず学校に行った。昨日会った一人の先生が都草面の面事務所に私を連れて行き、面長を誘って食堂に向かった。ここで初めてホンオ（洪魚）と出会った。都草島からさらに外海にある黒山島で獲れるホンオが有名である。ホンオとはエイである。そのサシミが出てきた。食べてみるとアンモニア臭が鼻をついた。この地方ではホンオは宴会にかかせないものであり、マッコリ（濁酒）とあわせて、ホンタク（洪濁）と呼ばれると先生が教えてくれた。そして、昼からマッコリも飲むことになった。

ひとしきり飲んだ後、酔い覚ましというか、むしろ他にすることもないので、島の中を歩くことにした。先生がつきあってくれた。

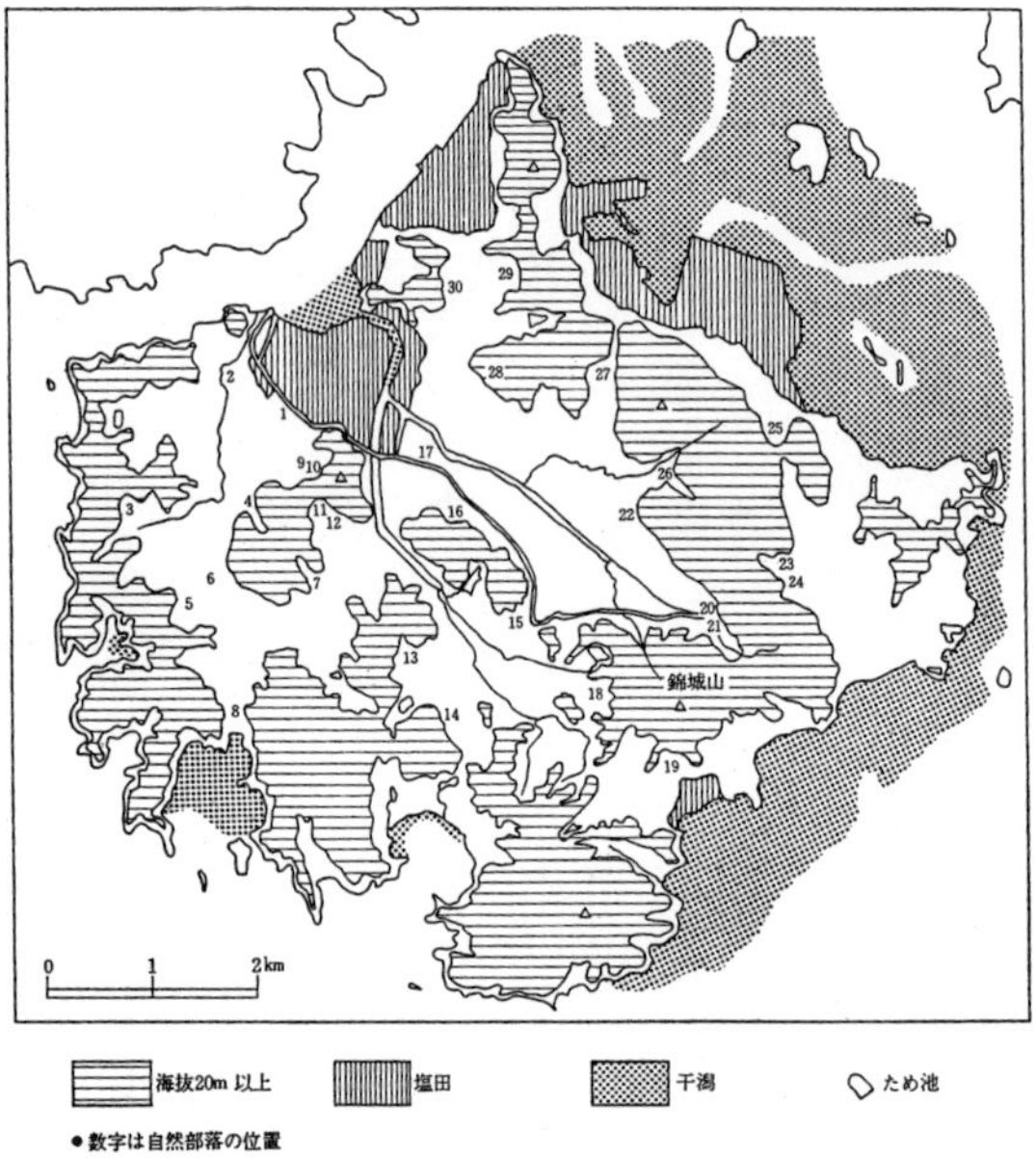


地図2　都草島概図

ここ羅泊浦には、面事務所のほか農業協同組合、都草中・高等学校があり、商店が軒を並べ、旅館、飲食店、茶房などがある。ここを中心として、船着き場のある火島と古蘭里を結ぶ、島の中央部を通る幹線道路がある。先生の話では、七〇年代末から大黒山島や紅島の観光地化が始まり、高速船が通い、都草島まで約一時間で直行するようになってから、この幹線道路をマイクロ・バスが通うようになったという。

火島から羅泊浦までの道の左側には塩田が開けている。この塩田は、島の北部にもあるが、一九四五年の解放直後に台風の被害に対する政府補助金を使って、かつて海であった地を塩田に変えたものであるという。

都草島には、約三五〇～四百年前に現住者の祖先である最初の入島者があり、李朝時代は政治犯

表1　都草面基本現況（1979年）　（　）内は牛耳島

| a 行政区域 | | | b 面積 | | | c 家口 | | | d 教育施設 | |
|---|---|---|---|---|---|---|---|---|---|---|
| 1面1個出張所 | | | 53.4km² | | | 2,401戸 | | | 13校 | |
| 里 | 法定 | 11（1） | 畓 | 8,400km²（ | 0） | 農家 | 2,100戸（95） | | 国民学校 | 11校（分校6） |
| | 運営 | 29（3） | 田 | 8,604 | （1,150） | 非農家 | 118 | （17） | 中学校 | 1 |
| | 自然部落 | 37（7） | 其他 | 36,396 | （15,634） | 漁家 | 183 | （100） | 高等学校 | 1 |
| | 班 | 78（10） | | | | | | | | |

の流刑地であったといわれており、最初の入島者があった頃は、島が三つに分かれていたという。確かに、都草島は海外線に山があり、島の中央部に立つと周囲が山に囲まれ、島にいるという感じがしない。

この日は、羅泊浦から島の南西部を歩いてみた。そして、翌八日は、島の東北部を散策した。

ここで、都草面事務所で得た資料から都草島の概況を述べておこう(1)。

都草島は、その南西部に位置する牛耳島とともに行政上は都草面に属する。表1は、一九七九年度の都草面の基本現況の一部である。都草島の自然部落は三十であり、その世帯数・人口数の一覧が表2である。

生業は農業が主であり、麦・ニンニク・ホウレンソウ・アブラナなどが栽培されている。解放前は、光州市に紡績工場があったため綿が栽培されていた。火島・水多など東北部の部落では、解放後に造られた塩田での製塩が七〇年代になり盛んになされている。また二谷・竹連など南西部では、干潟を利用しての海苔栽培が行われている。

一月九日、とりあえず一度、この日の十一時発の船で木浦に戻ることにした。朝食を食べ、校長、面長に挨拶をすませ、旅館に支払いをした。四泊五日の都草島滞在であった。最初の二泊は李助手が支払いをしてくれたのだろう。一月

表2　自然部落の家口数・人口

| 自然部落名 | 家口数 | 人口 | 男 | 女 |
|---|---|---|---|---|
| 1　火　島 | 114 | 630 | 325 | 305 |
| 2　月　浦 | 73 | 405 | 202 | 203 |
| 3　発　梅<br>4　춘　경 | 80 | 440 | 208 | 232 |
| 5　指　南 | 38 | 199 | 93 | 106 |
| 6　指　北 | 53 | 333 | 160 | 173 |
| 7　指　東 | 87 | 446 | 223 | 223 |
| 8　竹　島 | 47 | 314 | 158 | 156 |
| 9　外　下<br>10　정　두 | 80 | 451 | 236 | 215 |
| 11　外　上<br>12　新　村 | 96 | 446 | 221 | 225 |
| 13　五　柳 | 75 | 386 | 196 | 190 |
| 14　奄　木 | 64 | 365 | 186 | 179 |
| 15　水　項 | 137 | 713 | 351 | 362 |
| 16　弓　項 | 54 | 312 | 164 | 148 |
| 17　羅泊浦 | 112 | 539 | 283 | 256 |
| 18　莘　郊 | 94 | 510 | 256 | 254 |
| 19　竹　連 | 101 | 605 | 310 | 295 |
| 20　古蘭上<br>21　古蘭下 | 148 | 773 | 402 | 371 |
| 22　蘭　末 | 52 | 275 | 139 | 136 |
| 23　二谷上 | 152 | 824 | 398 | 426 |
| 24　二谷下 | 53 | 314 | 161 | 153 |
| 25　道　楽 | 79 | 457 | 228 | 229 |
| 26　万　年 | 47 | 247 | 116 | 131 |
| 27　閑　発 | 100 | 562 | 290 | 272 |
| 28　竜　洞 | 71 | 428 | 225 | 203 |
| 29　水　多 | 76 | 454 | 227 | 227 |
| 30　羅　浦 | 108 | 574 | 298 | 276 |

七日の夕食八百ウォン、宿泊一五〇〇ウォン、一月八日の朝食八百ウォン、宿泊一五〇〇ウォン、夕食八百ウォン、一月九日の朝食八百ウォン、合計六二〇〇ウォンと書かれた領収書がフィールド・ノートに挟まっている。

同じフィールド・ノートには、その後数日間、木浦で暮らした時のことが書いてあるが、そこに一ドルが五八〇ウォンということと、九百ウォンの地図や家系図を描くための大きめのスケッチブックを一万ウォン札を出して買ったら、おつりに五百ウォン札で十八枚が返ってきたと書いてある。思えば、当時は木浦市内でタクシーに乗っても、千ウォンを超えることはほとんどなく、五百ウォン札の使いでがよかったことを覚えている。一九八〇年当時、一ドルが二二〇～三〇円くらいなので、千ウォンは三八〇～四百円くらいになる。ちなみに当時の日本の物価を調べると、ラーメンが三三〇円、国鉄初乗りが一一〇円、はがきが四十円、大卒初任給が十一万六一二七円とあった。

## 二度目の都草島――キョンス一家との出会い

木浦大の朴光淳学長の官舎で、ムラに入る準備を整えて、次に都草に向かったのは、一月十六日であった。この日は船賃一〇二〇ウォンを払い、朝九時に木浦を出港、十一時五十分に都草に到着した。まっすぐに都草中・高等学校の校長先生を訪ねた。校長は都草面の面事務所に私を連れて行き、面長と三人で昼食をともにした。それから茶房に行くと、そこには教頭、農協の組合長、警察支所長、向かいの飛禽島にある大宇病院の医師二人がいた。この農協の組合長が、前回ご挨拶をさせていただいた家、つまり黒い髪の物静かな男性の長男であることが、はじめてわかった。

夕方、組合長は仕事を終え、私を自宅に案内してくれた。組合長の父は、植民地期に木浦の税関に勤務したことがあり、戦後都草の面長も歴任し、日本語が話せた。

韓国では同姓の家が多いので、ムラではその家の子どもの名をつけて呼ぶ。この家には、キョンスという子どもがあり、「キョンスの家」と呼ばれていた。キョンスは、組合長の弟の子どもである。つまり組合長はキョンスの伯父さんにあたる。韓国では伯父さんのことを「大きいお父さん」

写真２　キョンス、６歳。家の後ろにある畑で。フィールド滞在中、子どもと遊ぶのは気分転換にもなった。（1980年撮影）

と呼ぶ。

この家は、組合長の弟、すなわちキョンスの父（アボジ）、母（オモニ）、ハラボジ（祖父）、祖母（ハルモニ）と生まれたばかりの弟のキョンベの六人家族であった。組合長の家族は、子どもの学校のこともあり、木浦に住んでおり、組合長はこの家の一部屋を間借りする形であった。そして、私もまた組合長と同じ部屋で寝泊まりすることになった。

キョンスの家は、二棟造りであった。アンチェ（内棟）と呼ばれる棟にはプオク（台所）を挟んで三部屋あり、向かって左にハラボジとハルモニとキョンスが寝ているクンバン（大房）とマルといわれる板の間があり、右手に組合長が寝ているモバン（付属房）がある。もう一棟は、サランチェ（舎廊棟）と呼ばれ、右はじの空間で牛を飼い、中央にアボジとオモニ、キョンベが寝る部屋があり、左にある二部屋が板の間で物置として使われていた。さらにマダン（庭）を囲むように、奥に倉庫が建てられていた。

一月十七日の朝、七時三十分に起床した。九時に出勤する組合長とともに、ムラの里長に挨拶に行った。里長も組合長と同じC姓である。このムラは、キョンスの家のC姓の人たちと、キョンスのオモニの家K姓の人たちと、あとはその他の姓の人たちがほぼ三分の一ずつ暮らしているということであった。そしてC姓の中心的な人物が、キョンスのハラボジであり、K姓の中心的な人物が、私が最初にお土産を間違えて渡した「両班風」の老人であることがわかった。

この日は一日、ハラボジからいろいろな話を聞いた。私は七九年の七月からソウルの延世大学語学堂で韓国語を習い始めた。三ヶ月が一コースで、一級から六級まであるが、私は六ヶ月、二級まで通った。延世大学語学堂の授業は朝からお昼までなので、十月からはソウル大学語学研究所の中級クラスにも通った。とりあえず日常会話は不自由しないくらいになったが、それほど韓国語がうまいわけでもない。かたやハラボジもかつては日本語を使っていたが、今はほとんど使う機会もないという。それでも、私もできるだけ韓国語で話すようにつとめ、ハラボジは日本語で話すようにしてくれた。

お昼には、どこかでもらったという餅とブタの肝臓をゆでたもの、そしてホンオがでてきた。ブタの肝臓もホンオも、あまり口にあわないが、これも試験である。ハラボジとの会話の合間には、キョンスに遊んでもらった。六歳のキョンスにとっては、カタコトの韓国語しか話せない、変なオジサンとつきあわねばならないのは、迷惑な話だったと思う。

写真３　アンチェ（内棟）。家の前にあるマダン（庭）では、トウガラシを干したり、脱穀などの農作業を行う。（1985年９月撮影）

写真４　サランチェ（舎郎棟）。二棟作りの家はムラでも多くはない。（1980年撮影）

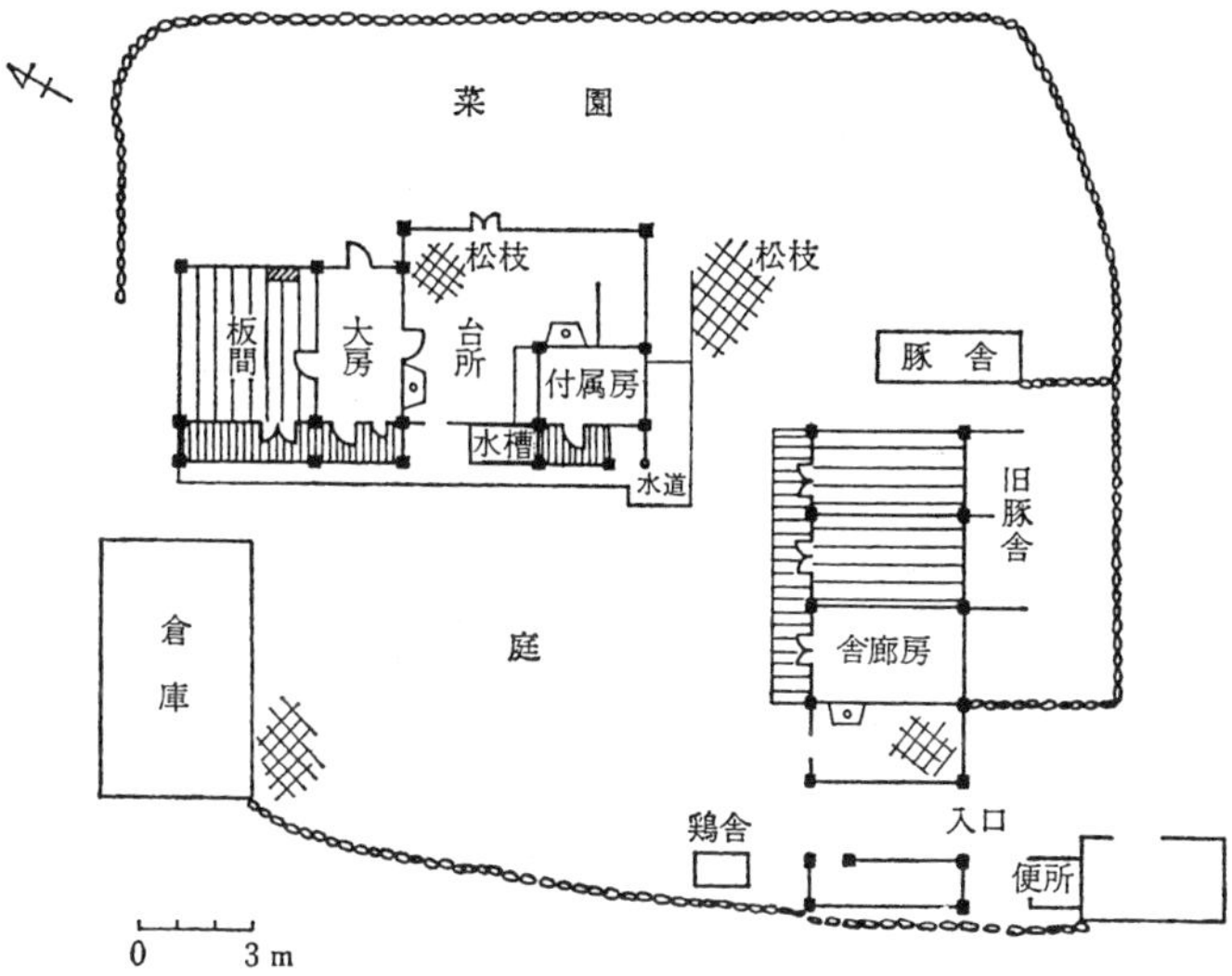


図1　キョンスの家の家屋構造

写真5　台所のカマドには大きな銑鉄でつくられた釜が備え付けられている。カマドは炊事とともにオンドルの焚き口にもなっている。(1984年撮影)

夕食を食べ終え、ふたたびハラボジと話し、部屋に戻っていると、二十二時過ぎに組合長が仕事を終え帰ってきた。

十八日は里長宅に招かれて、朝食を食べた。ムラの何人かの人たちと会った。ムラでの冬の生活は、あまり仕事がない。酒好きの人がいると、朝から飲み始める。なかに小学校時代に日本語を習ったという人もいた。

「ワタシ　ニホンゴ　ナライマシタ」と話しかけてきた。そして、金属製の器にマッコリを注ぎ、私に差し出し、「サケハ　ナミナミ　デスネ」とつづけた。私が「あまり飲めない」というと「アナタハ　ボンクラ　デスネ」と笑いながら、さらにマッコリを勧めた。飲まないわけにもいかない。日本の話が出る中で、ムラの人たちから、植民地期にいた日本人の先生の「イワタセンセイ」という名前が出てきた。

昼食に家に戻る。こんどは家に老人が訪ねてきた。彼もまた「イワタセンセイ」を覚えていた。植民地期には、この家に下宿していたという。ハラボジはイワタセンセイから来た手紙を出してきてくれた。手紙には名古屋の住所と岩田という名前が書かれていた。

日がな一日、座ったままで話を聞いていた。夕食を済ませ、部屋に戻ると新しい布団がおかれていた。組合長のために買ったのだとハルモニが言うが、あきらかに私のためのものだった。

新しい布団に入ってうとうととしていると、それまでの緊張と食べ過ぎがたたったのだろう。その夜、下痢になった。韓国では「便所とサドンは遠ければ遠いほどよい」といい便所が家の外にある。サドンというのは、婚姻によって結ばれた親戚関係、すなわち姻戚関係をいう。この言葉の意味は、嫁の扱いがその生家に筒抜けになって摩擦が生じないようにという配慮もあるが、父系親族関係の強い韓国社会にあっては、夫が気楽で歓待される妻の里に入りびたりになり、自己の父系親への忠誠心が相対的に低くなるのを警戒してのことと思われる。

便所は家の外にあるかわりに、ヨガンという陶器でできたおまるが部屋にはおかれている。しかし、おまるで用をたすのに慣れない私は、雪の降る寒い中、便所のある外まで出て行くしかなかった。便所でしゃがみこむと、「何でこんなところに来ているのだろう」と私はつぶやいた。

## なぜ都草島か？——日本の家族研究から

なぜ私は都草島に来たのか、それを説明しておこう。

私は大学で社会学を学び、日本の家族と親族について関心をもった。当時、社会学、民俗学、文化人類学などでは、東北日本と西南日本では村落レベルで社会組織の地域差があるという「日本社会の地域性」についての研究があり、その議論の中心にいらした蒲生正男先生の指導を受けるため、私は明治大学の大学院に進んだ。

明治大学には、蒲生先生以外にも、祖父江孝男先生、大給近達先生、江守五男先生という名だたる人類学の先生方がおられると聞いていた。また、蒲生先生のおられる六〇九号室には、ときおり日本の民族学のドンといわれた岡正雄先生が遊びに来られた。さらに外部から村武精一先生、坪井洋文先生が教えに来られ、ゼミをもっておられた。そして、泉靖一先生から続く社会学研究会による村落調査の伝統を引き継ぐという、日本社会の研究においては、ぜいたくな研究環境をもっていた。

そうしたなかで蒲生先生のゼミでは、毎年日本各地の村落調査を行っていた。その準備から学生の指導までを助手の上野和男先生がとりしきっていた。私たち大学院生も、そのゼミ合宿に参加させていただき、上野先生からの教えを受けた。

一九七四年に修士課程に入って最初に感銘を受けたのが、蒲生先生の「戦後日本社会の構造的変化の試論」という論文だった。これは初出が一九六六年の論文であったが、一九七四年に刊行された蒲生先生編集の『現代のエスプリ　人間と親族』に所収されたのを読んだ。

このなかで蒲生先生は次のように書いている。「さらに隠居制度についてふれておこう。ここで言う隠居は、結婚した子どもは、相続人であろうとなかろうと、親夫婦とは別居する制度を言う。こうした隠居制は、おそらく福島県を北限とする西南日本に分布し、福島県を除く東北地方や北陸地方には殆どその例を聞かない。こうした諸制度が存在しもしくは存在してきたことにもとづいて、私は伝統的な日本の家族をつぎのように類型化することも可能であると考える」として、拡大型、直系型、核心型の三類型をたてている。そして、核心型の指標として、末子相続もしくは隠居制(世代別夫婦の別居制)をあげている。

こうして私は明治大学の蒲生研究室において、日本社会の地域性を明らかにするための隠居制家族に注目した。そして蒲生ゼミで茨城県の調査をひきついで、「北常陸地方の隠居制家族」という修士論文を執筆した。

博士課程に入った後、ある日、蒲生先生は「これから就職のことも考えると、やはり海外にフィールドをもつといいね」と何気なく私におっしゃった。といわれても、すぐにどこに行きたいといって当てもなく、勉強を続けていたが、ソウル大学の李光奎先生が『韓国文化人類学』に書かれた「隠居制度の分布と類型に関する研究」という論文が目に入った。

ここで李光奎先生が提示した「隠居制」は、日本でいうと姑から嫁に「しゃもじ渡し」をするといった「内房譲渡」の制度として考えており、私の定義する隠居制家族とは異なるものであった(2)。しかし、李光奎先生の『韓国家族の構造分析』にある「日本の伊豆諸島の家族と世帯に関する報告は、韓国の済州島の家族ときわめて類似しているという意味において重要であり、興味あるものである。両親夫婦が息子夫婦とともに一つの家族を構成しながら、二夫婦が各々別棟を占有し、別個の財産を所有し、炊事の単位を異にする、という点において済州島と伊豆諸島は完全に同一である」という一文に、私は注目した。これこそ私の考える「隠居制家族」のあり方だったからである。

韓国の家族は、儒教の教えに基づき、父系の直系家族、長男優待不均等相続、長男による祭祀権の継承という規範があるが、済州島ではそれとは異なり、夫婦家族、均分相続、そして独特な祭祀継承の型が見られた。それは済州島が中央と離れた周辺にあり、儒教の教えが貫徹しなかったからであると、韓国では考えられていた。しかし、それは日本の対馬や五島列島における家族や祖先祭祀のあり方と類似しており、私はシマ社会という生態的条件において済州島のような家族形態があるのではないかという仮説をたててみた。

ちょうど、大学院には韓国、台湾からの留学生もおり、私は多くの友だちがいたが、その中に済州島出身の高東勲さんがいた。彼は済州島青年会の事務局長もしており、済州島から東京に留学に来ている友人も紹介してくれた。

私は明治に教えにこられていた国際基督教大学の佐藤信行先生からある日、非常勤助手として来ないかとさそわれた。それまで国際基督教大学の非常勤助手には、東京大学と東京都立大学の院生だけが呼ばれていたそうで、なぜ私が呼ばれたのかはわからないが、佐藤先生は「済州島のサドン」という論文を書かれており、私にとってはとてもありがたいお話だった。もしも私が素直であったら、そのまま済州島を調査していただろう。しかし、へそ曲がりの私は、済州島と陸地（半島部）の間の多島海の島々ではどうなのだろうかという疑問をもった。そんな折り、国際基督教大学で佐藤先生とともにお世話になっていた青柳清隆先生から全南大学の朴光淳教授をご紹介いただいた。前述したように、その朴先生が木浦大学の学長として赴任され、先生の学校の先輩にあたる方が都草島の中・高等学校の校長でいられるというご縁から、多島海にある都草島にたどりつくことになったのである。

## 実技試験合格

さて、話は翌朝に戻る。一月十九日の朝も、ご飯が山盛りになって出てきた。私は意を決してハルモニに昨日の夜のことを告白した。するとハルモニは、なぜか焼酎の一升瓶とコップをもってきた。そしてコップに焼酎を注ぐと「一息に飲め」と言った。

マッコリでもたれていた胃が、強い酒の焼酎が一気に入ったせいか、驚いて動きだしたのだろうか。なんとなく治ったような気になった。

フィールドワークの最初は、ご飯を食べることだ。七〇年代の初めに珍島でフィールドワークに入った伊藤亜人さんも、『韓国珍島の民俗紀行』に、その時のことを書いている。

村では早速長老（オルン）達が集められ、解放後はじめて見る日本人の若者を受け入れるかどうか相談が始まった。村の人達との言葉は邑内よりもさらに方言が強かったが大体のことは分かった。村の面立ちの中の一人は私を見るなり、いきなり『この人は駄目だ』といった。彼が邑内に出かけてた時食堂で昼飯を食べているところにこの若者がやって来て、『あまり辛くないように』と注文したという。とうてい村の乏しい食生活に耐えきれないだろうという。その人を一目見て私も思い出した。私が毎日旅館で辛いものばかりを出されて少し飽きてきた時、一度だけ小さな食堂に行った時のことである。奥の薄暗い中に先客が一人いて私をじろじろ見ていたので印象に残っていた。日に焼けた顔と服装の様子で村から出てきた人だと分かった。

しまったと思ったがもう遅い。(中略) あたりが大分暗くなってきたその時、奥の扉が開いてアジュマ(おばちゃん) が食事を運びこんできた。皆の視線の中、私が何の躊躇いもなくキムチを摘んで御飯を頬張って食べ始めると、誰かの『ホホー大丈夫だ、問題ない』というのを合図に一転して私は合格したのである。

私の場合は、たんに食べるだけでなく、その後の下痢までともなったしまらない話になってしまったが、自分の弱みを正直に話したことにより、それまでの垣根がなくなったような気がした。そうした私の態度の変化が、ハラボジやハルモニにも伝わったのではないだろうか。これで私も実技試験に合格したような気がした。

その日は一日中、家でごろごろとしていた。焼酎のおかげというか、日本から持って行った下痢止めの薬の効果もあってか、夕方には下痢はすっかり止まった。

## 山仕事

翌二十日の朝、私は回復したことをハルモニに示すために、ハラボジが山に木を刈りに行くのについて行った。ムラの生活では、燃料は薪にたよっており、冬の天気のよい日に山に行き木を刈ってくるのは大切な仕事である。昔、家族の多い時は自分たちだけでやったというが、ハラボジ一人では手が足りないので、今は人を雇って報酬を払う。報酬は現金ではなく、例えば百束刈ってきた

写真６　山仕事にゆく。力仕事ではあるが、女性が大きな労働力である。(1980年撮影)

写真７　北の山から見た莘郊里の全景。(1980年撮影)

時は、半分の五十束を山の所有者がとり、残りの半分の五十束を雇われた人数で割るという。木を切るのは女もできるが、束にするのは男しかできない。しかし男女同じく支払う。この日は、私を含めて九人で山に行った。全部で三九〇束の薪がとれた。

山に入ると、手がかじかむほど寒い。そこで登場するのが焼酎である。飲むと体が温まる。しかも、山の寒さはキリッとしていて、酔わずにさめてしまう。

午前中に仕事が終わり、午後からはムラの写真を撮ってまわった。ムラの中に、石碑が建っている。その一つに烈婦・孝婦の碑があった。これはハラボジの祖母と母の碑である。二十六歳の時に夫を亡くした後、子女を立派に育てた祖母と、それを助けて親孝行をした母を顕彰するための碑であった。

翌二十一日の朝である。ひとりの男が家にやってきた。昨日、一緒に山仕事に行った人だ。彼は、自分は人よりもよく仕事をしたのだから、もっと報酬をくれと言う。これに対して、ハルモニが大声で反論していた。韓国でのケンカは、それまでに何度も見てきたが、ハルモニの剣幕は尋常ではなかった。五百ウォン札を一枚渡したので男はご機嫌で帰ったことを後で聞いたが、その場ではハルモニの迫力にスゴスゴと帰ったように見えた。その後、ハルモニは私につぶやいた。「子どもたちがみんないれば、人を雇わずにすむし、自分がこんなに怒らなくてもすんだのに」と。

こうしたやりとりをはじめ、家の家計はほぼハルモニが握っているようであった。私がこの家で暮らせるようになったのも、ほんとうはハルモニの判断にかかっていたのだと思った。

表3　人口推移

| | 都草面 | | | | 莘郊里部落 | | | |
|---|---|---|---|---|---|---|---|---|
| | 家口数 | 人口 | 男 | 女 | 家口数 | 人口 | 男 | 女 |
| 1969 | 2,496 | 15,500 | 7,826 | 7,674 | 106 | 739 | 374 | 365 |
| 1970 | | | | | | | | |
| 1971 | | 14,766 | 7,395 | 7,371 | | 536 | 265 | 271 |
| 1972 | 2,493 | | | | 98 | 577 | 283 | 294 |
| 1973 | | | | | 97 | 566 | | |
| 1974 | | | | | 96 | 591 | | |
| 1975 | | | | | | | | |
| 1976 | 2,603 | 14,873 | 7,397 | 7,476 | 93 | 554 | 280 | 274 |
| 1977 | | | | | | | | |
| 1978 | 2,374 | 13,371 | 6,685 | 6,680 | 97 | 523 | 252 | 271 |
| 1979 | 2,401 | 13,196 | 6,680 | 6,516 | 94 | 510 | 256 | 254 |
| | | | | （面事務所の資料より作成） | | | | |
| 1980 | | | | | 85 | 411 | 204 | 207 |

## 莘郊里の概況

その日の午後は、羅泊浦に行き、一時的に日本に戻るため島を離れるという挨拶を校長先生にするとともに、面事務所に立ち寄った。

面事務所による都草面と莘郊里の過去十年の人口推移（表3）と、男女別五歳別人口構成を見ると、世帯数の減少に比べて人口数の減少が著しく、男女とも労働力の中心となるべき二十歳から二十九歳までの人口が少ない。すなわち、高等学校を卒業する年齢になると、ほぼ島外に流出しており、過疎化が進みはじめていることがわかる。

一九七六年の莘郊里の状況は、表4のように示されている。

実際に話を聞くと、その後、耕耘機をはじめ農機具の台数も増え、家の屋根も草葺きからスレートにかわってきた。一九七九年十月に木浦市で発電され

表4　1976年莘郊里部落の状況

| | | | | | | | |
|---|---|---|---|---|---|---|---|
| a | 耕地面積 | 田 | 畓 | 林野 | | | |
| | 103.6ha | 49.6ha | 54.0ha | 390.07ha | | | |
| b | 農機具 | 手動式噴霧機 | 揚水機 | 耕運機 | 牛馬車 | リヤカー | 精米所 |
| | | 42 | 6 | 2 | 4 | 12 | 1 |
| c | 住宅 | 瓦葺き | スレート | トタン | 草葺き | | |
| | 94戸 | 5 | 4 | 1 | 84 | | |
| d | 新聞 | T.V. | 自転車 | ラジオ | | | |
| | 5 | 0 | 15 | 92 | | | |

た電気が送電されるようになり、それまでバッテリーで使用していたテレビも、その台数を増やしているという。

こうした生活の変化は、七〇年代に入り、セマウル運動（新しいムラづくり運動）が推進されてからという。部落内の道路が拡張され、部落会館が建てられた。七二・三年に、セマウル農場として一二〇〇坪の部落共有農場ができ、その耕作権を入札によって部落住民に渡すようになり、個人経営の精米所ができ、また部落の三十数戸が出資して貯水タンクを造り、それらの家には水道が引かれるようになった。

部落内には店が一軒あり、日常生活に必要な物品を買うのに利用されている。この店には電話機が備え付けられ、外からの通話が入ると、拡声器を使って部落中に知らされる。

生業は、ほぼ農業であり、米を主体に麦、ニンニクが作られ、家庭の畑で白菜、キュウリ、カボチャなどの自家用の野菜が栽培される。ほとんどの家で、ブタやニワトリが飼われ、耕作用のウシを飼う家もある。食料品のうち、魚介類は船着き場のあるプルソム（火島）からリヤカーに乗せて売りに来る人がおり、もっぱら米・麦と物々交換される。

一月二十二日、留学生試験のため日本に帰ることにしていたので、一旦は島を離れることにした。昨日から風が強いので、船が出るかどうかわからないとハラボジが電話で問い合わせてくれた。朝の船は出たという。また、戻ってくるので着替えなど荷物をそのまま家に置いておいてくれるように頼み、朝食をすませ、火島の船着き場に向かった。十二時二十五分の船に無事に乗り、木浦に戻った。

## 岩田先生

一月二十五日に日本に戻ると、ハラボジから教えてもらった番号に電話して、二月七日に手紙にあった岩田先生のお宅にうかがわせていただくことにした。岩田先生は、昔のことを思い出し、いろいろなことを話してくださった。

一九二九（昭和四）年、当時二十三歳であった岩田先生は、朝鮮半島の各道に赴任する教員が愛知県で五十人くらい選抜された中の一人であった。光州に来ると、日本の全国から四十〜五十人の教員が集まっていたという。

日本人は警察支所長のH氏をはじめ都草島には何人かいたが、学校には前任者のM先生もいなくなり、岩田先生以外は一人もいなかったという。学校ははじめ尋常学校と呼ばれていた。一九二九年から四年制から六年制になり、一九三一年九月に認可され、十月か十一月に国民学校と呼ばれるようになった。教室は二十坪くらいの広さがあり、一学級七十〜八十人で、一年から六年まで六学級あり、四年と五年はまとめて授業を行った。岩田先生は当時二十三歳であったが、ほぼ同じ歳の生徒もおり、教えにくかった。そうしたこともあって、一年生の入学最高齢を十二歳にしたという。

都草島の人口は、七~八千人くらいだったが、木浦からは、午前に黒山島、午後に都草島行きの船が一日に一本あった。一九二九年か三十年か、木浦からは来られるが、交通遮断により島から二週間ほど陸地に出られない時があった。その時は、外海からはみえない二谷里に軍用船がたくさん入っていたという。

なによりも食糧がすくなかった。小作料は五十パーセントであったと思うが、近くの岩泰島では小作争議が起こったと聞いたことがある。ちなみに、一九二四年に起きた「岩泰島小作争議」は、韓国の小作争議の始まりであり、岩泰島小作人たちの高率の小作料引き下げ運動で、一九二三年八月から二四年八月までの岩泰島小作料不納運動の過程で、多くの農民が犠牲となった。私は、この事件をモチーフとした宋基淑の『岩泰島』という小説を後で知る。

都草島においても、一九二九年は田植えをした後、雨が一滴も降らず、干ばつになった。そうした時は、イカ、タコ、カニを捕ったり、キジを捕まえたり、ヘビも食べたと当時をふりかえった。その豪放磊落な暮らしぶりは、ムラの人から聞いていた通りであった。

一九三三(昭和八)年まで、都草島で暮らした岩田先生は、戦後、二回ほど奥さんと一緒に都草島を訪れたという。五十年前のお話を聞き、それを懐かしむお顔を見ながら、私は岩田先生もまた「日本人らしくない」、韓国の人たちに好まれる方なのだと思った。

## 三度目の都草島――世帯調査

二月二十二日に韓国に戻り、二月二十五日に再び都草島を訪れた。これまではお客様として居させていただいたが、いよいよ本格的にフィールドワークに入ることになる。

先にも述べたが、私の調査の第一の目的は韓国の隠居制家族であった。済州島には、親夫婦と子夫婦が別世帯を構える家族制度が存在することがあきらかになっていた。こうした済州島の別世帯のあり方を、韓国では済州島がソウルを中心とする中央集権の周辺にあり、儒教的思想が届かなかったことを理由とする考えがあった。私はこれに対し、日本の対馬や五島列島にも別世帯があることから、島社会という生態的条件のためにこうした形態がみられるのではないかという仮説をたてた。

そこで、まずは世帯調査を行うことにした。私は明治大学での村落調査において使った「世帯調査票」を試してみた。この調査票は、表面には、住所、地域の組、いつ誰より相続・分家・転入したか、屋号、檀家の寺、家の継続年数・世代数、世帯主を記入し、現在同居家族と不在死亡者の一覧を書き、それぞれの成員について続柄、氏名、性別、生年月、出生地及び同居以前の関係、職業、集団帰属などの項目があり、結婚の仲人、オヤブン・コブン関係、本分家関係、氏神、屋敷神、鎮守、墓なども記載するようになっている。裏面は世帯主を中心に兄弟姉妹、配偶者の兄弟姉妹、世帯主の父方と母方、配偶者の父方、母方、さらにその上の世代のそれぞれの父方、母方の兄弟姉妹まで、相続・分家・婚出・養子などの状況を記載できるような図を設けている。すなわち、この一

| 茨城県那珂郡森本町上村井 1921 番地 | | | | | | No. 101 |
|---|---|---|---|---|---|---|
| 坪 | 塙 | 組 | 上組 | MTⓈ41年 父より㊊相続, 分家, 転入 | 屋号 | デエモン |
| 常会 | 第3 | 寺 | 長照寺 | 家の継続年数, 世代数 16年, 2代 | 世帯主 | 岩野弘之 |

| | | 続柄 | 氏名 | 性別 | 生年月 | 年齢 | 出生地及び同居以前の関係 | 職業 | 集団帰属 |
|---|---|---|---|---|---|---|---|---|---|
| 現在同居家族 | 1 | 世 | 岩野弘之 | ⓂF | MTⓈ 12.3 | 34 | 110 }昭40 結婚 | 市役所 | 青年団18~23才 |
| | 2 | 配 | フサエ | MⒻ | MTⓈ 14.1 | 32 | 松井村 }シンセキ関係なし | 農業 | |
| | 3 | 母 | とめ | MⒻ | ⓂTS 34.5 | 70 | 那珂郡山寺村 | 無職 | |
| | 4 | 長男 | 正博 | ⓂF | MTⓈ 41.1 | 5 | 101 | 〃 | |
| | 5 | 長女 | 雅子 | MⒻ | MTⓈ 44.4 | 2 | 101 | 〃 | |
| | 6 | | | MF | MTS | | | | |
| | 7 | | | MF | MTS | | | 昭12結婚 | |
| | 8 | | | MF | MTS | | | シンセキ関係なし | |
| | 9 | | | MF | MTS | | | | |
| | 10 | | | MF | MTS | | | | |
| 不在死亡者 | 11 | 父 | 健一 | ⓂF | ⓂTS 33.3 | | 110 昭41.7死亡 | | 1 / 2 |
| | 12 | | | MF | MTS | | | | |
| | 13 | | | MF | MTS | | | | |
| | 14 | | | MF | MTS | | | | 3 / 4 |
| | 15. | | | MF | MTS | | | | |
| | 16 | | | MF | MTS | | | | |

| | | 氏名 | 現在地 | 職業 | 年齢 | 関係 | | |
|---|---|---|---|---|---|---|---|---|
| 仲人 | 1 | }笹本常次郎夫婦 | 松井村 | 農 | 73 | (配)フサエの父の弟 | 氏神 | 岩野姓のウジガミサマ |
| | 2 | ) | | | | | 屋敷神 | ウジガミ(稲荷) |
| | 3 | }不詳 | | | | | | |
| | 11 | ) | | | | | 鎮守 | 八幡神社 |
| | | | | | | | 墓 | 上の墓 |
| オヤブン・コブン | 1 | 岩野正 | 110 | 農 | 51 | 本家 | エハライ | 世帯主 |
| | | | | | | | 道普請 | 配(フサエ) |
| | | | | | | | 区費 | ○ |
| | | | | | | | ムラツキアイ | ○ |

| | | インキョ | 過去 | 現在 |
|---|---|---|---|---|
| 1 | 本分家関係 110 → 101 → 210 | 同居 | × | × |
| 2 | | 別居 | ○ | ○ |
| 3 | | 隠居分家 | × | × |
| 4 | | インキョヤ | ○ | ○ |
| 調査者 池田雅彦 | 調査日 1972.8.12 | | | |

〔注〕 家系図の記載例，相＝相続，分＝分家，婚＝婚出，養＝養子縁組，△＝男，○＝女，

図2－1 世帯調査表－表

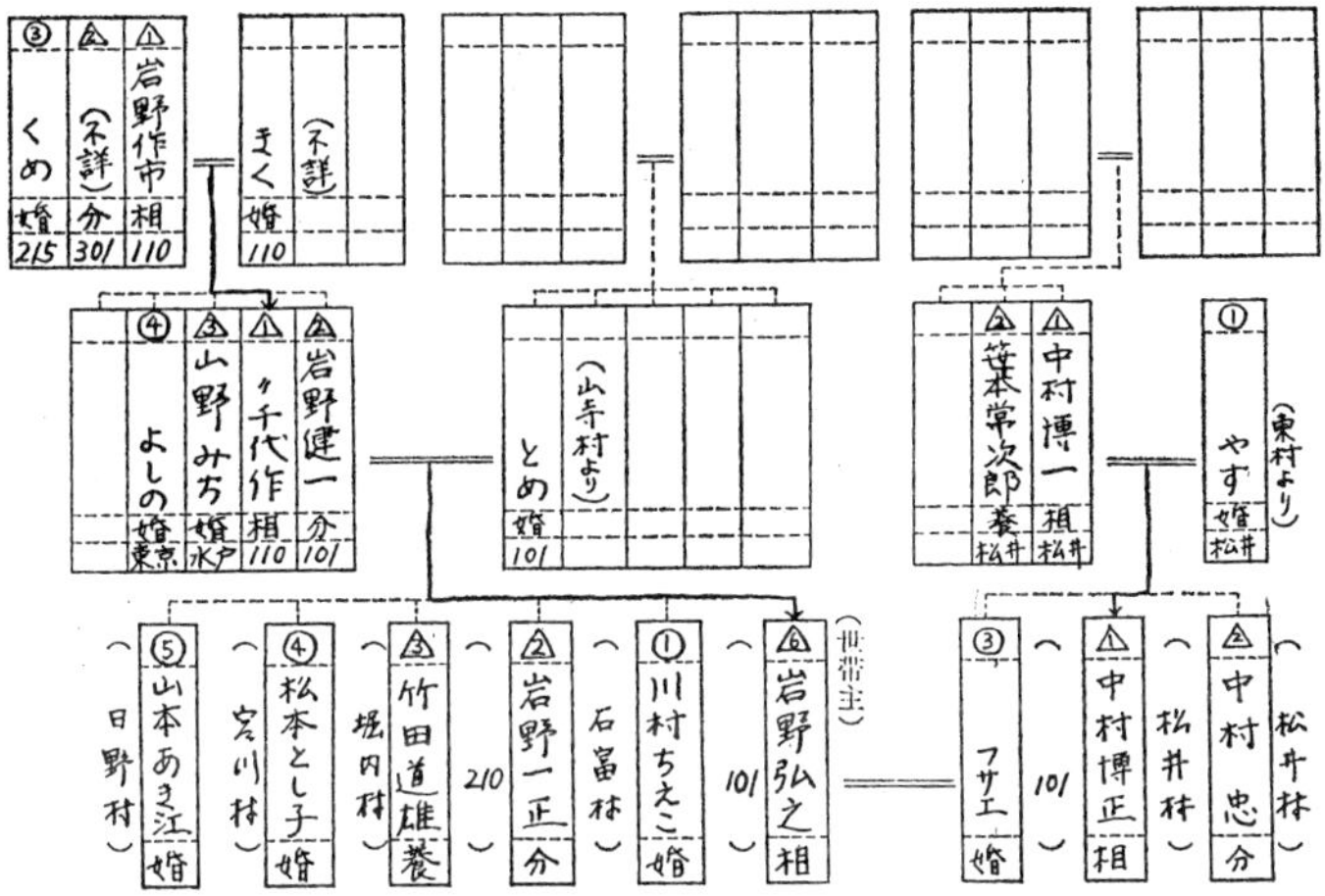


| | 氏　　名 | 所在地 | 関　　係 | 昭和46年田植時のヨイ | 昭和46年ハカマイリに行った家 | | |
|---|---|---|---|---|---|---|---|
| 1 | 竹田道雄 | 堀内村 | 兄 | ○ | × | | |
| 2 | (?) | 山寺村 | とめ(母)の妹 | ○ | × | | |
| 3 | 山野みち | 水戸 | 父の妹 | ○ | ○ | | |
| 4 | 川村ちえこ | 石富村 | 姉 | ○ | × | | |
| 5 | 岩野一正 | 210 | 分家(兄) | ○2人 | × | | |
| 6 | 松本とし子 | 宮川村 | 姉 | ○ | × | | |
| 7 | 岩野千代作 | 110 | 本家 | ○2人 | ○ | | |
| 8 | 山本あき江 | 日野村 | 姉 | × | × | | |
| 9 | (?) | 山寺村 | とめ(母)の実家 | × | ○ | | |
| 10 | | | | | | | |
| 11 | | | | | | | |
| 12 | | | | | | | |
| 13 | | | | | | | |
| 14 | | | | | | | |
| 15 | | | | | | | |

○△内数字は出生順を示す。地名・番号（ムラ内）は現在居住地もしくは世帯を示す。

図2-2　世帯調査表－裏

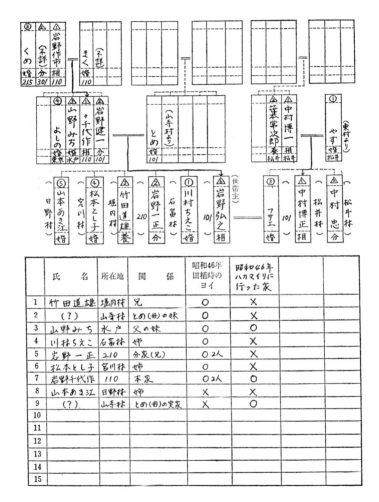

枚の調査票を完成させれば、この世帯の現在の状況のみならず、相続・分家・婚出・養子と家族の展開、さらに三世代にわたっての親族や姻戚関係がわかるようになっている。

なお、この調査票は、『民俗調査ハンドブック』にも、ほぼ同様な形態のものが掲載されている(図2-1、2-2)。この本は東京教育大学の民俗学専攻の出身者たちを中心として執筆されており、一九七四年に刊行された。七〇年代は、市町村史編纂事業、市町村の教育委員会の事業などで、民俗調査が盛んにおこなわれていた。その序にあるように「本書は、こうした近年ブームとなっている民俗調査がかかえこんでいる技術的な難問題を、なるべく調査地にあって、すぐ解決できるような形でまとめようとしたもの」であった。当時、民俗調査をするものにとっては、必携のマニュアルであったといえよう。

ちなみに韓国でこうした調査ハンドブックが出されたのは、かなり後である。嶺南大学校文化人類学科が中心となって編集した『村落実態調査小便覧』が一九九一年に刊行されている。この本の付録として「村落実態調査質問書」が掲載されている。その挨拶文に「私たち村落文化実態調査団では、私たちの伝統文化を正しく理解するためムラ(村落)社会についての調査研究をしています。村落調査は一九三〇年代、日帝[日本の植民地支配を指す]によって粗末に調査された後、今日にいたるまで、我が国の村落文化についての総合調査は皆無の実情です。最近の近代化・産業化の波は村落社会の伝統的な文化を急速に変化させています」とある。

もともと韓国の民俗学は国文学科に属しており、口碑伝承や民間信仰などが研究の主体であり、社会経済的な村落調査はほとんどなかったが、一九七〇年に提唱され、全国規模に拡大したセマウル運動により村落の開発が進み、伝統的な文化が喪失される危機を感じて、九〇年代になってから本格的な村落調査が始まったのである。

したがって、一九七九年当時に韓国の村落調査をすることは、住民にとって不慣れなことであり、まして日本の調査方法をもって調査することはむずかしいと予想された。ことに、一軒一軒の家をまわって世帯調査票を作成するのは困難であった。まず、見知らぬ日本人が来て、家の事情をすべて語ってもよいというだけ、ムラの人たちを説得することはむずかしかった。植民地期において、日本人が警察を動員して調査したという認識があり、「反日感情」がなきにしもあらずという状況であったからである。

植民地体験に対しての「反日感情」はソウルで韓国語を習っていた時にも、少なからず感じていたが、例えば「隣に住んでいた山田さんから、醤油を借りてね」と話す実際にその時代を生きていた老人たちと、「反日感情」をもつことを教育された四・五十代の人たちとでは、明らかに違っていた。都草島に来ても、岩田先生との個人的つながりをもつ人たちにとっては、その時代は自身の子どもの頃の思い出でもあり、むしろ私には懐かしさとして語ってくれた。

さらに、むずかしいのは一九五〇年に起こった朝鮮戦争のことである。これは私という日本人に植民地期の日本人に対する反感を言い、それを私が聞くというのは、まだよいとして、朝鮮戦争の時に、同じ民族であり、同じ国の人であり、同じ島に住む人たちの間での悲しく傷ましいことを、民族、国の異なる私に話すことはできないという気持ちである。かつて岩田先生から、この都草島においても何人かの人が亡くなったという話を聞いたことがあった。

ともかくも、韓国バージョンの調査票を考えて見た。日本民俗学の概念をはずし、できるだけ簡単なものにしようとした。表面には、現在の同居家族、不在・死亡者の一覧に、氏名、性別、世帯主との関係、生年月、出生地、職業の項目を設けた。そして裏面の親族・姻戚関係の図は、ほぼそのまま残した。

実際に調査をしてみると、むずかしかった。何軒かの家で行ったが、例えば「お子さんは何人ですか」と尋ねると、息子の数だけを答えてきた。韓国では娘の子は「出嫁外人」ともいわれ、嫁いだ娘は他人と同様ということだった。

結局、ハラボジにすべての家の世帯構成を聞くことにした。驚くことにハラボジはほぼすべての家の世帯構成を知っていた。少しあいまいなところがあると、ハルモニに尋ねてくれた。二人のおかげで、その後に確認の作業をするだけで、世帯表はほぼ埋まった。ムラの世帯数は八十五世帯、人口は男子二〇四人、女子二〇七人、計四一一人であった。

### 一緒に働く

世帯調査票は調査の一つの目的であり、手段であったが、なによりムラの人たちに私のことを知ってもらうとともに、ムラの人たちの顔と名前を結びつけるのに適していた。

三月一日は旧暦一月十五日であり、部落総会が開かれた。朝から莘郊里の里長がマイクで十三時から部落会館で総会の開かれることをアナウンスする。昼過ぎになると人びとが三々五々と集まり始める。本来は世帯を構成単位とし、その世帯主が議決権をもつが、ここ数年来男たちが出稼ぎにでており、主婦が参加するようになった。部落会館では、正面にむかって右奥にムラの「オルシン（大人）」といわれる老人が座し、右に男たち、左に女たちが座る。

司会と記録が前にでて、開会の辞と国民儀礼が行われると、里長の挨拶があり、前年度の決算報告がなされる。続いて里長の選出がある。里長の選出は、とりたてて規則はないようであったが、これまでの里長がそのまま選出された。私にとってはキョンスの家の一族の一人が里長でいてくれることは、なにか心強い気がした。

里長は、その場で私をムラの人の前で紹介してくれた。韓国語が拙いうえ、あまり事細かに説明しても、事情を飲み込んでもらうのはむずかしいだろうと思い、きわめて簡単な挨拶をしたと覚えている。

七九年度の決算報告、八〇年度の事業計画などがあり、いくつかの議事が討議された。その中で面白かったのは、二・三年前に決議されたムラでは酒を売らないという議題について、再決議されたことである。酒を飲むとムラのいざこざが起こるということから、ムラに一軒ある店では酒を売らないことにしたという。これは主婦が参加するようになってから議決されたことという。ただし、後で聞くと、酒というのは焼酎のみを指しており、ビールは酒ではないということだった。

その数日後、三月八日に、セマウル会館前の舗装作業をすることになった。七時にリヤカー、耕耘機のある家は、それを持って朝食が済んだら出てくるようにというアナウンスがあった。九時前に集まりはじめ、五つの作業班を作り、アミダクジで作業の割り当てを決めた。耕耘機が三台ある班と一台も持たない班がある。私はキョンスのアボジと同じ班に入った。作業はセメント袋を運んできて、それを砂とまぜ、舗装していく。セメント袋はふつう一袋ずつ運ぶが、なんとなく力が入り、私は二袋ずつ運んだ。十一時前後にマッコリが出された。その後、昼休みを挟んで、夕方十八時くらいにひとまず終了した。作業がすべて終わった班もあるが、終わらない班もあった。終わらなかった班だけは、明日もでてきて作業をするということだった。幸い私の班は、耕耘機もあり、その日のうちに作業がおわった。私は張り切りすぎたせいか、身体の節々が痛かったが、キョンスのアボジがなにげなく言った、「今日は韓日合作だったな」の一言で報われた気がした。

そうこうしているうちに、三月十八日に都草島を離れることになった。はじめは「イルボンハクセン（日本の学生）」と呼ばれていたが、いつのまにかキョンスの家では「ウリ（私たち）」が頭について「ウリイルボンハクセン」と呼ばれるようになっていた。キョンスの家の家族の一人として、私を認めてくれていた。

## 後日談――韓国の「隠居制家族」研究

私の仮説に基づく研究は、「全羅南道都草島一農村の家族」という論文で発表した。(3) 結論は、はなはだ不十分なものであった。その理由は、すでに都草島において人口の流出がはじまり、家族の構造を静態的に捉えることがむずかしくなっていたこともあったが、隠居制家族の特徴をもついくつかの事例を見つけ出したものの、済州島のような顕著な特徴が見つけ出せなかった。

その意味では、済州島で調査をしていたらという反省がないわけではない。しかも、なんとも奇遇なことに、一九八八年から国立民族学博物館（以下、民博）に私は奉職するが、一九八三年にオープンした「朝鮮半島の文化」展示場には、中央に済州島の民家模型が展示されていた。この展示は、一九八二年十一月に行われた調査をもとに、まさに「くそリアリズム」と言ってよいほど精巧に作られていた。この模型は、内棟と外棟の二棟がある。あいにく詳しい世帯調査はなされていないが、内棟に息子夫婦、外棟に親夫婦が住んでいたとあり、隠居制家族の典型をなすものであった(4)。

また、近年、韓国研究者の一人である網野房子さんから「韓国済州島の老いのあり方をめぐって」という論文が送られてきた。この論文は「東アジアにおける高齢者のセイフティ・ネットワーク構築に向けての社会人類学的研究」という科学研究費補助金による研究の成果の一部であり、高齢者の働く場が生きている済州島の社会的背景とは何かを問い、済州島家族の特殊なあり方を手がかりにそれを考察したものである。ここでいう済州島家族の特殊なあり方こそ、基本的に結婚した子ども世代と親世代とは分離し独立した生活を営むこと、すなわち私の関心をもった「隠居制家族」である。

私は当時の日本の人類学研究において、日本の地域性との関連のなかで済州島の「隠居制家族」に関心をもったのであるが、網野さんは高齢者のセイフティ・ネットという現代的な課題のなかで、そこにアプローチしている。日本の人類学研究のテーマの変化を感じたが、「本稿で考察した世代分離型の家族を生み出すこの社会の他の側面を総合的に解明する必要がある。それは生業の詳細な全容、極めて重要な世代と年齢の秩序、地域社会の核であり共同性、平等性の強い近隣集団である洞内、洞内・漁村契とローカル・コモンズ（山野河川・共有地）の関わり、双系的親族組織等の諸側面に及んでいる」という指摘は、新しくて古い課題である。いずれまた、私も原点に戻って、この問題に取り組んでみたいと考えている。

# 第二章　島での生活

## 全南大学校留学

一九八〇年の冬から春にかけて都草島でフィールドワークをさせてもらい、もっと本格的な調査をしたいと思い、二月に韓国への留学生試験を受けに一時帰国をした。なんとか合格したものの、韓国の政治状況が思わしくなく、五月十八日には光州事件がおこり、なかなか韓国に行くことができなかった。

日本に帰っている時、民族学会があり、そこで韓国研究をしている後輩に会った。「朝倉さん、何で都草島なんかに行ったのですか？　何にもないでしょうに」と聞かれた。確かに都草島は、伝統的な芸能や固有の行事があるわけではなかった。私は「都草島なんか」という言葉に少しムッとしながら、「人がいるじゃないか」と答えた。もちろん、これまでの都草島でのフィールドワークが充分でなかったこともあるが、せっかく知り合った都草島の人たちの暮らしを通して、韓国社会をみていきたい。そうした思いを心に決めた。

ようやく十月になり、光州にある全南大学校の大学院に籍をおかせてもらえることになった。大韓民国文教部留学生として、月二十二万ウォンの奨学金をいただき、光州では全南大学校師範大学の講師として日本語を教えることを引き受けることで、講師の給与とともに、外国人教師宿舎を供与してもらった。夏目漱石の「坊ちゃん」ではないが、三十歳そこその私は、まだ尻が青く、鼻息も荒く、とてもよい教師とはいえなかったが、そこで知り合った学生たちとは、すっかり仲間になり、さまざまな体験をした。夏休みには、都草島まで一緒に来て、海水浴を楽しんだりもした。ことに師範大学の一期生であり、私の三十歳の誕生日を二人で飲み明かした金圭烈さんは、その後日本に留学し、現在は光州大学の教授となり、私が光州に行くと、彼の友人やお弟子さんたちも含めて、あたたかく迎えてくれている。

はじめは二年の予定で全南大学校に修学したが、八一年六月に突然、蒲生先生の訃報にふれた。私は急遽、麗水の出入国管理事務所にかけつけ、一時帰国をし、なんとか先生のお葬式には間に合った。そして、ふたたび韓国に戻ってしばらくすると、国際基督教大学から専任の助手で来ないかというお誘いがあった。私にとっては人生の分かれ目でもあった。ずっと韓国での生活を続けていきたいという気持ちであったが、指導教授の亡き後、お声をかけていただいたありがたさもあり、八二年三月で帰国することにした。

この章では、一九八〇年十月から八二年三月まで、全南大学校で日本語の講師をしながら、都草島に通った一年五ヶ月の出来事を振り返ってみる。私の関心は、歳時風俗、人生儀礼といった民俗学的な関心とともに、ムラの人びとの社会的な暮らしにあった。そうした関心事について、都草島での暮らしで知り得たことを記述してみたい。

## 都草島再訪

八〇年の十月六日に全南大学に行き、さまざまな手続きを終え、都草島に久しぶりに訪れたのは十月二十四日であった。この時期、稲刈りが終わり、精米所にムラの人たちがつぎつぎと訪れた。私は五日間の滞在の間、精米所で米の袋を運ぶ手伝いをしながら、ムラの人たちとの再会の挨拶をした。

その後、一年五ヶ月の間に、学校があるときは月に一度ほど週末に二泊三日、冬休みや夏休みには少し長期間、あわせて十数回、都草島に通った。

写真８　精米所で働くキョンスのオモニ。精米所は行政里に一つあり、精米した籾の８パーセントを手数料として受け取る。（1980年11月撮影）

はじめに行った時には、下宿代の代わりということで、少しまとまったお金を差し出したが、都草島に通うようになってからは、キョンスの家では一切お金を受け取ってくれなかった。キョンスの家では、私のことを「イルボン・ハクセン

（日本の学生）」と呼んでくれていたが、学生からお金などはもらえないといった雰囲気であった。かわりに私は木浦でお土産を買っていくことにした。自分の食い扶持という名目で、牛肉や豚肉を何斤か買っていったり、リンゴやミカンなど果物を一箱買っていったりした。ケーキを買って行くと、「おいしいパンをありがとう」と言われた。確かにケーキはパン屋で売っていたが、ムラの人たちにとっては、まだケーキという概念がないようだった。正月に行く時は、びっくりするほど高かったが、ホンオ（エイ）を買った。行きは、そうした荷物をもって行き、帰りのカバンには、二・三日分の洗濯物と、いただいた米や海苔が入れられた。都草島の家には風呂がない。二泊三日で行って外国人教師宿舎に戻ると、まずは沐浴し、持って帰った洗濯物を洗濯することになった。いただいた米や海苔は、自炊生活に役立った。

ほぼ毎月都草島に通ううちに、木浦からの船の事務長とも顔見知りになった。冬の寒いときは、船室も冷え込む。そうした時は、ストーブのある自分専用室に私を招いてくれた。

新任の警察支所長は、釣りが趣味であった。彼はさかんに「日本製の釣り竿がいいんだよな」と言い、ある時私に「それを買って来てくれ」と言った。「今は光州に住んでおり、日本にしばしば帰るわけでもない」と答えると、いささか不機嫌になった。しかし、韓国においては、それほど親しくない人からも、ものを頼まれることがあるのは、それまでの韓国生活で経験していた。「日本は嫌いだ」と言う人も「日本製は大好き」だ。なにかあると「日本製のなになにを買って来てくれ」という頼みは、しばしば聞いてきた。なんでそんな無理なことを頼んでくるのだろうと思うことを、韓国人は、ダメでもともといった感じで頼んでくる。往々にして日本人はあいまいな返事をしてしまうが、そういうときは「ダメなものはダメ」と答えていいのだ。

ムラの何軒かにはテレビがあり、ボクシングの試合があると、一緒に見ようと誘われた。「こちらは奨忠体育館」というアナウンサーの言葉を今でも思い出すが、当時の試合の多くは、日本での後楽園ホールと同じく、韓国ではボクシングとプロレスのメッカである奨忠体育館で行われた。とくに日本人の選手が相手の時は、大いに盛り上がった。若い人のなかには、韓国選手が勝つと「おい、気分はどうだ」と私にたずねる人がいた。彼に決して悪気はなかった。日本人選手のなかには在日韓国人選手も多くおり、そのことを言ってよいのかわるいのかと思いつつも、私はわざと「気分がいいわけないでしょう」と答えた。それが、彼が期待した答えだったと思う。「それは、そうだろうな」と彼が言い、その場はそれですんなり終わった。

## 忌祭祀

一九八〇年二月二十五日にキョンスの家を訪ねた時は、その日の翌日、二月二十六日が陰暦一月十一日にあたり、ハラボジの祖母の祭祀の日であった。その時は、この家の祖先祭祀がいつあるのか知らず、まったくの偶然であった。何もわからず、ただ儀礼の様子を観察させてもらった。八一年に再訪した時は、あらかじめ陰暦一月十一日が二月十五日であることを調べて行った。

儀礼の調査をする時は、一度だけでなく、二度以上観察するのがよい。一度見ただけでは、それがいつものことなのか、たまたまその時のことだけなのかよく分からないと同時に、その儀礼を見てから聞き取り調査をすることで、具体的な質問ができるようになるからである。さらに、聞き取り調査によって、その儀礼が複数の場所で行われることがわかれば、あらかじめ予期をして観察をすることができ、儀礼の全貌を把握できるからである。

さて、韓国社会において祖先祭祀は重要である。儒教の規範による「孝」、すなわち親への孝行は親が生きている間だけでなく、亡くなった後も尽くすことが期待される。亡くなった親への孝は、祖先祭祀という形で具現化される。

韓国の祖先祭祀は、三つに分かれる。一つは「忌祭祀」と呼ばれ、家を継承する宗家では四代奉祀といい四世代の各祖先の命日に行う。二つは、元旦や秋夕（陰暦八月十五日）などの名節の朝に行う「茶礼」である。この二つは家で行う。そして三つは、五世代以上の前の祖先に対して、毎年一定の日に墓地で行うもので、「時祭」と呼ばれる。これらの儀式については、冠婚喪祭の四礼に関する制度・手続きを経書や先儒の本から簡単明瞭に抜き書きした『四礼便覧』があり、さらにそれに基づいたマニュアル本もあり、私もほぼその概要については把握していた。

私は、キョンスの家では、いつが祭祀をする日か尋ねた。ふだんはハラボジが答えてくれるのだが、こういう話はハルモニがしっかりと覚えていた。祭祀をするには食べ物などの準備が大変で、それらをとりしきっているのはハルモニだったからである。キョンスの家は、ハラボジの曾祖父が分家したので、その世代から下の祖先の命日に「忌祭祀」を行うということだった。命日は曾祖父

写真９　ハラボジの祖父の祭祀。1981年陰暦７月19日。マル（板の間）に祭祀の膳を整える。

写真10　ハラボジの祖母の祭祀。1981年陰暦１月11日。パジ・チョゴリの伝統的な服を着て祭祀をあげるハラボジ。

が陰暦十一月二十七日、祖父が七月十九日、祖母が一月十一日、父が二月三十日、母が八月十四日であった。

曾祖母については、なぜか祖父の代に分家した別の家に位牌があり、その家で祭祀を行っているという。韓国では、伝統的に儒教の教えに基づき、長男が位牌の祭祀をするのが規範となっているが、済州島では、例えば父母の祭祀を長男と次男で分割する「分牌祭祀」が見られる。私は、都草島でも「分牌祭祀」の慣行があるのかとハラボジに尋ねたが、明確な答えは得られなかった。

ハラボジの父の命日、陰暦二月三十日は、この年は四月四日であった。前日に行き、段取りを聞いておきたかったが、三日は授業があり行けなかった。しかたなしに四日の朝六時五十五分に光州でバスに乗った。木浦に八時十分に着き、祖先祭祀に供えてもらうようにと、リンゴ十個と清酒二本を買った。九時発の船に乗り、十一時四十分に都草島に着いた。

ムラでは、祭祀の準備が始まっていた。マッコリを運ぶ車が来ており、焼酎も十本くらい置いてあった。倉庫では親族の一人が、豚を屠って解体していた。ハラボジがその豚の頭をサランバンのカマドで火に炙っていた。ハルモニをはじめとする女性たちは、コンナムル（豆もやし）、餅、魚、海老に卵をつけて油で焼いたジョン、肉とネギを交互に串に刺すサンジョクなどを作っていた。

クンバンに行くと、一人の老人が座っていた。ハラボジの長兄だった。ハラボジは兄二人、姉一人の末っ子であった。長兄は一九〇二年に生まれ、十三歳で結婚し、十七歳で島を出て行った。一九〇八年生まれの次兄は十三歳で結婚し、二十五歳の頃、分家したという。次兄はすでに亡くなっているが、長兄は現在、木浦に住んでおり、久しぶりに都草島を訪れたという。一九一九年生まれのハラボジとはかなりの歳の差があり、ハラボジも長兄の前にでると、かしこまっている。

十九時過ぎにマルに灯りをつけ、夕食をとり、二十時過ぎにムラに住む親族の人たちが祭祀の膳を供える。飯と汁、餅、豚肉、魚、サンジョク、海老のジョン、ゆで卵、栗、棗、コンナムル、トラジ（桔梗の根）、梨、リンゴ、ミカン、マクワウリ、干し柿などが供えられる。「魚東肉西」「頭東尾西」といい、魚は東、肉は西、魚の頭は東向きにおくのだという。

祭祀の膳には、「紙榜」といい、紙に書いた位牌が二体ある。一つは父のもので「顕考嘉善大夫兼五衛将府君神位」、もう一つは母のもので「顕妣淑夫人全氏神位」と書いてある。いずれも横に「孝子○○奉祀」とあり、○○にはハラボジの名が書かれており、祭主が三男のハラボジになっていた。韓国では長男相続が規範となっているが、キョン久の家では、ハラボジ、アボジの二世代にわたって長男以外が相続している。しかし、ハラボジに尋ねると、これは規範ではなく、たまたま進取の気性をもつ長男が島から出て独立したからという説明であった。

二十一時四十五分に、儀式が始まり、『四礼便覧』に書かれてあるような手順で進行した。しかし、私は祭主のハラボジが儀式を執り行うと思っていたのに、まず長兄が酒をささげ、夫人と並んで礼をした。また飯の蓋をあけ、箸を飯に刺すのも長兄が行った。

二十二時五分に、今度は庭に膳が一つ供えられた。私はカメラを用意していなかったことに気づき、モバンにとりにゆくと、そこにも膳がおいてあった。カメラをとってはきたものの、儀礼の最中にフラッシュをたいて写真を撮るのはためらわれた。二十二時十五分、マルを片付け始め、二十二時三十分に祭祀にあげたご馳走を皆で食べ始めた。

翌朝、六時三十分に起床した。それ以前から女性たちの働く声が寝床の中からも聞いてとれた。ムラの親族たちが集まり始めた。私はモバンで、ハラボジと長兄、組合長と四人で朝食をとった。あとの人たちは、サランバンや倉庫で食事をとっていた。

九時になると、長兄はひさしぶりに都草島に戻ったので、ハラボジとともに祖父母、父母、曾祖父の墓参りに行った。私もついて行った。十時三十分頃、家に戻ると、ムラの老人たちが多く来ており、サランバンに女性たち、クンバンに男性たちが座っていた。庭では何人かがユンノリ（朝鮮双六）で遊んでいた。十二時三十分頃、昼食をとり、長兄は十五時三十分頃に木浦に帰って行った。

同じ忌祭祀であっても、ハラボジの祖母と父とでは規模が違っていた。また、忌祭祀について本で知っているものとも、少し違っていた。その夜、私はいつものようにハラボジにいくつかの疑問を尋ねた。「祭主であるハラボジでなく、長兄が儀式を執り行ったのは、ひさしぶりに長兄が来られたので譲った。庭に膳をおいたのは、死者飯といい、あの世から霊を連れてくる死者へのもてなしである。モバンの膳は、茶礼の時は置くが、忌祭祀の時はふつうは置かない。今回、なぜ置いたのかはわからない。本来、忌祭祀は夜中の十二時から始めるが、このところ九時から十一時の間に行っている」ということだった。

忌祭祀は、『四礼便覧』によって基本的な儀礼が定められているが、「家家礼」といい各家ごとに

写真11　冬の農閑期には男たちはマダンに集まり、ユンノリ（朝鮮双六）に興じる。（1981年撮影）

それぞれ独自の儀礼もある。さらに、その時その時の状況によって、実際に行われる儀礼は異なっている。フィールドワークでは、こうしたことを留意しなければならないことを思い知った。

## 正月の茶礼

元旦は、八一年二月五日、八二年一月二十五日の二回、観察することができた。

八一年は元日の一週間前、一月二十九日からキョンスの家に行っていた。翌々日の二月一日、陰暦十二月二十七日はハルモニの誕生日でもあった。その日、午前中、豆腐作りが始まった。ハルモニの誕生日のためかと尋ねると、そうではなく、明日「門中会議」を開くためという。「門中」とは、父系血縁による親族集団の正式に組織化されたものである。

門中は「族譜」といい、その一族の由来と家系を表した記録をもつ。キョンスの家は、陸地（半島部）の全羅南道に正式な門中組織があるが、この日の門中会議は、都草島に最初に入った先祖を入島祖とした子孫たち、すなわち都草島に住む親族たちが集まる会議であった。この年、はじめて開かれるという話であった。

豆腐作りは、女性たちの仕事だった。石臼で大豆を挽く。苦汁は海水を運んできた。石臼で大豆を挽く作業は並大抵ではなかった。女性たちは、ときおりマッコリで喉を潤した。私も少し手伝ったが、腕がパンパンに張って、ボールペンを持つ手がぶるぶると震えた。

午後四時半頃、男たちがブタを屠った。解体する途中で、内臓を生で食べた。私にも食べるように勧められた。ブタはジストマ（寄生虫）をもっており、生で食べてはいけないと知っていたが、ムラの人が食べているものを拒むわけにはいかなかった。解体した豚肉は、門中の戸数として三十五に分けるのだが、今は客地に出ている家も多いので二十五に分けるのだという。残りの肉でチゲを作って集まった門中の皆で食べた。ブタの頭は、正月用にとっておくのだという。

夕方、男性たちはクンバンに集まり、夕食を食べながら、門中会議を開いた。議題は、一月十日から十二日にかけて「陸地（半島部）」の門中会議に行ってきた報告と、門中のもつ山林の造林事業に関してであった。女性たちは台所で食事をした後、モバンに集まって、酒を飲み始めた。キョンスの家でも、ハラボジは酒を飲まず、ハルモニは酒を飲む。この門中の人たちは、男性たちよりも女性たちの方が、焼酎の消費量が多かった。私は寝泊まりしているモバンに、フィルムをとりに

写真12　ハルモニとオモニが豆腐を作る。

写真13　ブタを屠り、解体し、分配する。

写真14　ハルモニたちの飲み会は無礼講である。ハルモニになると酒やタバコを自由に楽しむ。

戻ると、女性たち、といってもハルモニたちに捕まって、酒を勧められた。男性たちは九時にお開きになったが、女性たちの飲み会はなかなか終わらなかった。

その三日後、元日の前日は、朝からハルモニとオモニは茶礼の祭祀のための器をとりだし、インジョルミ（糯米粉を蒸し、きな粉をまぶしたもの）を作り、明太（スケトウダラ）の干物を切り、昼からブタの頭をカマドで茹でるなど、準備にてんてこ舞いであった。組合から清酒、ホンオ、リンゴなどが届いた。夕方になり、餅を切った。夕飯を軽くとると、タバコとかリンゴを持って、子どもたちが使いに来る。正月に都市から戻った家族たちが買って来たものを配っているという。

夜になり、祭祀の膳を三つ用意する。一つはマル。もう一つはモバン、そしてサランバンである。モバンには、ハラボジ・ハルモニの亡くなった息子二人の写真が掛けられており、彼らに対して供えられているのだろうか。それについて尋ねても、答えてはくれなかった。

夜九時三十分ころ、親族の男たちが集まり、マルで祭祀をする。ただご馳走を供えただけで、忌祭祀のような儀礼はとくにない。

その後、精米所の鍵を開けに行く。ここでも三ヶ所に供え物をおく。一つはモーターのまわる所で、ブタの頭に包丁をさし、それを米の入った桶に立てる。その下のところにワラを敷き、魚の干物、インジョルミ、ブタ肉、コンナムル、白飯、酒を置く。あとは精米機のところと精米所の入り口である。それぞれの所に、ロウソクを一本たて、モーターのまわる所においたものと同じものをおく。モーターの所で、ハルモニが何かを唱える。機械が故障なく、子孫が繁栄し、悪事や災いがないようにという意味だという。その後、ハルモニは白飯をもって外に出て行き、精米所の周りで同じ呪文を唱え、もどってくる。供えた豚肉を切って、皆で酒を飲む。十時二十五分にハラボジとハルモニが寝るクンバンに戻り、祭祀に供えたものと、鶏肉と豆腐の汁を食べ、十一時三十分頃には解散した。

二月五日は朝、ハラボジはキョンスと組合長の息子たちとともに墓参りに行く。組合長には息子が四人いるが、一人は軍隊に入っており、木浦の学校に通っている息子たちが正月休みに都草島に来ていた。朝食はトックク（韓国風の雑煮）を食べ、ハラボジは孫たちに歳拝金（お年玉）をあげた。本などを通して知っていた正月風景は、これだけであった。その日、キョンスのオモニは実家に行っているようである。ムラの人たちが遊びに来ると、ハルモニが応対している。キョンスのアボジはムラの人たちと、マダンでユンノリに興じている。私も、それを見たり、子どもたちと遊んだり、おだやかな一日を過ごした。

韓国社会において元日は秋夕と並ぶ二大名節であり、ソウルから地方に帰る列車の切符は早くから売り切れとなり、高速道路は大渋滞を起こす。テレビで見る韓国の正月風景は、韓国の伝統的な儀式を再現する賑やかな祭りであるが、都草島にいると、それは人ごとであるようであった。

八二年の元旦は、もっと寂しいものであった。正月は「茶礼」という祖先祭祀のためというよりは、島から都市に出た家族と久しぶりにゆっくり過ごす日といった感であった。八一年の状況を見る限り、ムラに住んでいる親族の集まりは、元旦というような儀礼に対してよりも、現実的な生活のなかで機能する門中会議に集中しているようであった。精米所における儀礼にしても、元来からあるものではなく、彼らの生計をたてる大切な場所として、現実的な祈りをささげるためになされるようになったのであろう。

フィールドワークにおいては、儀礼があるとその日一日にのみ焦点をあてがちであるが、その前後をふくめて少し長いスパンで観察することが必要であると考えた。

## 時祭

陰暦十月十五日に行われる「時祭」は、八一年には十一月十一日であった。前日に都草島に行っ

写真15　5代祖以上の祖先に対して墓で行う祖先祭祀を「時祭」という。1981年陰暦10月15日。準備には女性も参与するが、儀式には男性だけが参加する。

た。ハラボジから、時祭の概要について聞いた。キョンスの家では、朝鮮時代の後期に宗家の主人から数えて八代前の祖先が都草島に移住してきたという。したがって、八代祖から五代祖までの墓をまわるという。

朝七時に起床し、朝食後、精米所の前で籾を干すための作業をし、その合間に私も身を浄めるということで髪を洗った。十時過ぎに宗家に行くと、すでに門中の男性たちが集まっていた。墓に荷を運ぶ人たちが、まず先に発った。庭にゴザを敷き、持って行くものを入念に確認する。すると山神に飯を供えるのかで口論となる。ムラで「有識」と言われるS氏が間に入る。S氏は今年母が亡くなったため喪に服しているので、墓までは行くが、祭祀儀礼には参加できないという。

山に着く。この地には八代祖、七代祖、七

代祖の先妻と後妻、六代祖、五代祖の墓が並んでいる。十一時四十分くらい、学校に行っていた小学生三人が、こちらに向かってきた。今日は学校を早退したという。

まずは八代祖の墓の前に屏風をおき、ゴザを敷き、ご馳走を並べる。次いで七代祖の前にもご馳走をおく。ここには先妻と後妻がいたので、三つの飯をおく。儀礼が行われる。次いで、山神にも告詞をした。ハラボジは儀礼に参加しており、とても話を聞ける雰囲気ではなかった。私はあらかじめ調べておいた『四礼便覧』にあるご馳走の並べ方、儀礼の順番などをもとに、ちょうど祭祀儀礼に参加できず、手持ち無沙汰といった感じでいるS氏に確認していった。

さらに六代祖、五代祖の墓に行った。六代祖の墓の前には「通政大夫C公〇〇之墓」と書かれた石碑が建てられ、供え物をのせる石の台があった。ここでも儀礼があり、山神の告詞を行った。六代祖、五代祖の儀礼の時は、その直接の子孫でない人たちは、墓に背を向けて座っていた。その後、「飲福」といい、供えたご馳走を皆で分かち食べた。

十四時過ぎ、次の山に向かった。ここには八代祖の妻の墓がある。ここでも儀礼を行い、十六時過ぎに各自家に戻り、十七時に再び宗家に集まった。そこで時祭の経費などの報告があった。経費は、門中で二千坪の水田を所有しており、千坪ずつ二人に二年間貸し出し、そこでの収穫のなかから供出してまかなうという。その席で、これからの時祭のあり方について議論もあった。ムラの人たちが高齢化していき、山に歩いてゆくのは辛くなっている。祭閣を建てたらどうだろうという意見がでた。

キョンスの家に戻り「半日、山歩きをして疲れたでしょう」と私が言うと、ハラボジは「明日も六代祖の妻の墓などのある山と五代祖の弟の墓のある山の二ヶ所に行くのだ」と笑いながら答えた。私はしまったと思った。時祭は一日で終わると高をくっていたため、明日には光州に帰らねばならない用事を作ってしまっていたからである。

## 巫俗

八〇年十月二十四日に半年ぶりに都草島に行くと、最初に莘郊里に行った時にハラボジと間違えた「両班風」の老人が亡くなったことを知らされた。私が三月に日本に帰ったすぐ後、陰暦三月七日のことであったという。その一年後の八一年四月十一日に、「小祥（一周忌）」が行われると聞いた。

十一日の午後の船で都草島に。莘郊里には十六時を過ぎて到着した。喪家には人が集まり、銅鑼や鉦の音が聞こえてきた。韓国のシャマンである巫堂（ムーダン）が来ているという。ここではタンゴル（丹骨）と呼んでいる。

八〇年代の韓国では、巫俗研究が盛んに行われていた。日本でも一九七六年に柳東植『朝鮮のシャーマニズム』、八〇年に崔吉城『朝鮮の祭りと巫俗』などが出版されていた。私は七九年にソウルで韓国語を勉強している時に、ソウル大学の李杜鉉先生に、巫堂のクッ（巫儀）を見に連れて行っていただいたことがあった。

喪家に行くと、タンゴルが踊っていた。隣の飛禽島から三人、都草島の萬年里から一人来ているという。荷物を置きにキョンスの家に行った。ハルモニが「扶助（不祝儀）はいくら払ったのか」と尋ねた。一周忌のため、霊前に供えてもらう清酒を持ってきていたので、それをお渡ししたというと、ハルモニは「充分だろう」と言った。ムラの人たちは、ふつう三千ウォンから五千ウォンくらい包んでいき、タンゴルには、踊っているときに五百ウォン札や千ウォン札を差し出すのだという。

キョンスの家で夕食をとると、二十時三十分頃にハルモニが一緒に行こうと言ってくれた。庭に天幕が張られ、屏風が立てられ、前に「両班風」の老人の写真が飾られている。その前にご馳走が載せられた膳があり、向かって左に米の粉の入ったタライを載せた膳がある。中央の膳の前には、米に竹を刺して立てたものが置かれている。また、右の隅には、使者のためにと飯を三つ置いた膳がある。

二十一時三十分頃、タンゴルの歌が始まる。亡くなった老人の息子が、お金をおいて、膳に酒をあげる。しばらくすると音調が変わり、タンゴルが踊り、掛け合いのような歌になる。米の粉の入ったタライを運び出す。

二十二時三十分、いよいよ巫儀が始まったようである。息子たちが膳に酒をあげ、アイゴー（哀号）という。女性たちが地に伏せて泣く。彼女たちは泣き女といわれる人たちだ。巫儀は、延々と続いた。私は午前一時三十分にキョンスの家に戻った。

ここでは巫儀の手順の記載は省略するが、きわめて印象的な出来事があった。それは、後妻の行動であった。彼女は巫儀のなかで、アイゴー、アイゴーと泣き叫んだ。その姿は、悲しい時でも、涙を隠せと教わってきた私には違和感をもつものであった。ハルモニに促されて後妻の横にいた私の耳に、ひとしきり泣き叫んでいた後妻の一言がはっきりと聞こえた。「これだけ泣けばいいだろう」。私は愕然とした。ほんとうに悲しかったのではなかったのか、と思った。

その後、崔吉城の「泣きの人類学」を読んで得心した。「泣きには、声を立てずに涙を流したり啜り泣いたりする泣、嗚、咽（weeping）と、声を上げて泣く哭（crying, wailing）がある」「哭とは一般に悲しい気持ちの形式的表現である」と書かれていた。

フィールドワークの体験は、かならずしも現場ですぐに理解できるわけではない。

## 葬式

人の死は予測できない。八一年五月二十三日に都草島に行ったとき、S氏の母が一昨日九十一歳で亡くなったことを聞いた。私は五千ウォンを封筒に入れ、S氏宅に弔問に行った。あわせて葬式を調査させてほしいとお願いした。韓国語には長寿多福で亡くなった人の葬儀をいう「好喪」という言葉があるのだとS氏が教えてくれた。私は救われた気持ちになった。

S氏宅では、庭に屍体が安置されており、家のクンバンの前に祭壇が備えられ写真が飾られていた。夕方、S氏が写真の前にゴザを敷き、祭壇に食事を供え、拝礼した。その横で女性達がアイゴーと哭をあげていた。S氏宅で夕食をご馳走になり、夜はキョンスの家に戻った。

翌朝、六時二十分に起床し、S氏宅をのぞいてみた。何事もなかった。八時に精米所の前に行くと、ムラの人たちが喪輿（野辺送りに死者を運ぶ輿）作りをしていた。八時三十分頃、S氏宅に人が集まりはじめた。ムラの人は米を四・五升、外部の人は十升くらいを扶助として持って来るという。十時四十分に墓を掘りに行く山役が酒を振る舞われた後、山に向かった。十一時過ぎから喪礼が始まる。弔客たちは、それぞれ接待を受け、帰って行く。

十一時三十分、精米所の前で喪輿に柩を載せ「発靷祭」を行う。その後、担ぎ手たちは面長、組合長といった有司といわれる人たちを順番に指名し、輿に載せ、輿を揺する。載せられた人はお金を出して下ろしてもらう。これを喪輿ノリというのだそうだ。ノリとは遊びと訳されるが、アイゴーと泣き叫ぶ女性がいる一方で、担ぎ手たちは歌い興じている。しめやかに行われる日本の葬式に対し、なんとも賑やかである。

十四時三十分に山に着き、墓の横に柩を下ろす。屍体を墓に埋め、土饅頭を作っていく。十七時頃にできあがると、祭祀をあげる。家に戻り、夜に「初虞祭」をあげる。ハラボジに収支を聞くと、この日の喪礼ではブタ肉四百斤、魚などの食べ物、麻布十二疋、白布六疋、酒などで百万ウォンくらいかかった。代わりに扶助が二十〜三十万ウォン、米・麦が七叺、契の金（後述）が一四〇〜一五〇万ウォンなど、全部で二百万ウォンは入ってきたのではないか、と教えてくれた。私は二十五日朝に「二虞祭」、二十六日朝に「三虞祭」まで見せてもらい光州に引き揚げた。

写真16　葬式。野辺送りをするため、柩を喪輿（サンヨ）にのせる。

韓国の喪礼は複雑である。『四礼便覧』にある「初終」「襲」「小殮」「大殮」「成服」「弔喪」「聞喪」「治葬」「遷柩」「発靷」「及墓」「反哭」「虞祭」「卒哭」「祔祭」「小祥」「大祥」「禫祭」「吉祭」という一連の喪礼の手続きを、この日の様子と照らし合わせてみたが、地域的変差なのか、時代的な変化なのか、符合しないことがかなりでてきた(1)。

その後、都草島において「幸いにして?」葬式と遭遇することはなかった。また、都草島においても、人口減少にともなって喪輿の担ぎ手が集まらなくなり、八七年には青年団にとって変わり、九一年には葬儀社がとりしきり霊柩車によって遺体が運ばれるようになった。また、都市においては土葬から火葬へ、病院から霊安所へ直行する形式に変化しており、こうした伝統的な喪礼はほとんどみられなくなった。

婚礼についても、ハラボジから都草島においてどのように行われていたか聞き書きはしたが、若者は島から出ていき、結婚式も多くの場合、木浦の会館で行われるようになっており、伝統的な結婚式はすでに見ることができなくなっていた。ことに儀礼調査においては「百聞は一見に如かず」という言葉を思わざるを得ない。

## 契

「契」は伝統的な相互扶助組織であり、日本の頼母子講に類似するが、韓国社会では生活のほとんどの側面にわたって、ある目的のために契がつくられていた。村落社会では、ムラの公共事業のための洞契、門中の財産管理のための門中契、子女の結婚式の費用を準備するための婚姻契、父母の葬式のための喪布契などがあり、都市社会においても、会社の中での親睦を図る親睦契から、主婦が利殖の方法として作る殖利契、女子高生の指輪契まで、その目的・形態の多様さながらに、日常生活の様々な場面で契が作られていた。

契については、植民地期に総督府の嘱託であった善生永助の『朝鮮の契』や鈴木栄太郎の「朝鮮の契とプマシ」など日本人による研究があるが、ことに伊藤亜人が全羅南道珍島農村における契の諸様相を捉えた「韓国農村社会における契」や、「契システムにみられる ch'in han-sai の分析」を読んでいた私は、契が韓国社会の一面を理解する重要な手かがりになると考え、莘郊里の契について調べてみた。(2)

一つ目の契は、大洞契である。莘郊里においては、旧暦一月十五日に部落総会を開催する。この総会を大洞契と呼んだ。八〇年の旧暦一月十五日であった三月一日に続いて、八一年二月十九日、八二年二月八日に三度の部落総会に参加した。二つ目は貯蓄契とよばれるものである。ムラの婦人たちが、一日三度の炊事の時にサジ一杯ずつの米を節約するように心がけ、節米貯蓄をし、集められた米を基金としてムラの助けになることをするという目的で作られた。この契が基盤となり、一九五八年に婦女会が結成された。八〇年三月五日と八一年二月二十日に婦女会に参加させてもらった。三つ目は喪布契（為親契）・喪頭契である。喪布契は、契員の家庭に葬礼があった時、必要な物品を賦儀として提供するための相互的な集まりである。父親の葬儀のためにということから為親契とも言われる。喪頭契も葬儀のためで、互いにマッコリの提供や喪輿の担ぎ手を務める。四つ目は生まれ年が同じ者が相互に親睦を図り、両親の葬儀を助け合う目的で作られる同年生契である。五つ目は契員相互の親睦を図る親睦契であるが、さまざまな契機によって作られる。六つ目は契員自身ないし子女の結婚に扶助し合う契で、扶助する額を金の時価に相当するように定めるところから金契と呼ばれる。七つ目は義兄弟の縁を結んだ者同士の結義契である。八つ目は十一人が集まり毎月一回ずつ契金が支給される短期の金融的性格をもつ落札契である。そして最後に、穀物契がある。農村社会において、米と麦の収穫時期に出資して、その総額を順番に契員に与えるもので、農村の家庭の運営に最も大きく機能している契である。私は、ハラボジと組合長を中心として契がどのように農村社会に機能しているか、また韓国人個人にとって契がどのような意味をもっているかを明らかにしたいと考えた(3)。

以心伝心というか、私自身が契に参加させてもらう機会を得た。都草島での調査中、私はほぼいつもハラボジについて回っていたが、ハラボジが私の知らないうちに外出し、帰りにブタ肉を持って帰ることが何回かあった。それが穀物契の集まりだった。ちょうど契について調査している時、穀物契に一人アキがあるが、入ってみるかと尋ねられた。私は穀物契の実態を知りたいと思い、一も二もなく加えてもらうことにした。

韓国社会では、八番目と最後の契のような金融的性格をもつ契が制度として重要な役割を果たしていたが、当時、韓国の新聞には八〇年十二月に、全羅南道光州市で総額六十億ウォンの契が破産したり、ソウルでも億単位の破産が出たといった契の破綻を伝える事件が報道されていた。日本でも八二年七月九日の『毎日新聞』の「第三世界　ひとびと・その生活　韓国⑤」に「破綻ふえる〝頼母子講〟」という記事がある。「銀行預金の習慣がなかなか定着しない韓国で、契は生活の中にすっかり根をおろしている。(中略) この契も最近では途中で〝破産〟することが多くなった。先に受け取った人が、後の支払いをしないで逃げてしまう。(中略) 大家族制度の韓国では、親族や姻戚関係者による契が相互扶助の役割を果たしてきた。核家族化と都市化の中で『近くの知人』同士による契が生まれてはいるが、逆に破産するケースも増えている」とある。

私は、穀物契をはじめ金融的性格をもつ契について調べていくと、それは信頼社会を前提としていることに気づいた。そうした中で、日本にいつ帰るかもわからず、支払いをしないで逃げてしまう可能性さえある私に、穀物契に参加しないかと誘ってくれたのは、私が信頼された証であり、とても嬉しかった。

私の入った穀物契は、十一人で構成され、稲の収穫時と麦の収穫時の年二回、契金の拠出が行われ、五年をサイクルとする。契金の額は、順番によってそれぞれの拠出量が定められており、一番目に受ける人が最も多く、最後に受ける十一番目の人が最も少ない。この拠出量に、その時の米の国家買い入れ価格をかけた額を受け取ることができる。つまり、一番の人は、はじめにお金を受け、年に二回、五年で返していくということになり、十一番の人は、年に二回、五年間積み立てた金を受け取るということになる。私は八番目になり、一九八四年の夏にお金を受け取ることになった。

## 選挙

八一年一月二十九日夕方、キョンスの家に着く。キョンスの家では、選挙の話で持ちきりであった。この日、第五共和国大統領選挙人選挙の立候補登録が締め切られ、全国一九〇五選挙区、定数五二七九名に対して九四七八名が登録した。都草島は隣の牛耳島とともに行政上の都草面が一つの選挙区になっており、定数二名に対して三名が立候補していた。

韓国ではマルタニギ（夜訪問）といい、夕食が終わるとムラのある家に人びとが集まり、親睦と日常生活の相互扶助を助長する慣行がある。十二月には穀物契、一月初旬は大学入試の予備考査というように、キョンスの家に毎晩のように集まって来る人たちの話題は、その時々の時勢を反映していて興味深かった。今回、都草島に来る前に立ち寄ってきた珍島でも、選挙運動のため島にある七台のタクシーがすべてフル出動しており、タクシーをつかまえるのがむずかしいと聞いていた。やはり都草島でもすでに選挙戦が始まっており、何日も前から、選挙の話で持ちきりであったようである。

それは候補者の人柄やうわさに関することから始まり、都草島における人間関係の縮図のような話になっていった。各候補者が都草島のどのムラの誰と、親族関係に始まり、姻戚関係、契の関係など、どういう関係にあるのかが、問題になった。活動演説会の日の夜には、演説内容や話し方についての評価も加わった。

韓国人の政治好きというのは知っていたが、ムラの人たちの選挙の話への熱の入れようは異常とも思えた。普段は物静かなハラボジでさえ、さすがに他の人のように口角泡を飛ばすことはなかったが、熱く語った。そこで、私ははじめのうちは、それほど気にもとめなかったが、ここで語られる話を分析してみようと思った。ムラの人たちの話をひととおり聞き、翌日になってハラボジに夕べ聞いた話の解説を頼んだ。ハラボジは、私の質問に仕方なしに答えるといったこともなくはなかったが、この話だけはむしろ自分から積極的に話してくれた。そして、投票日を迎え、投票結果がだされた。これに対する解説も、政治評論家に勝るとも劣らないものであった。

こうした選挙を Chib-an 選挙というのだそうだ。Chib はイエ、an は内を意味するが、訳すと「身内」ということになるだろう。韓国では、「身内」同士になると、「ウリ（私たち）」と呼ばれる。

さまざまな縁を結んで「ウリ」と呼ぶ関係を作っていく韓国社会のネットワークが、この選挙を通して見えてきた。あわせてムラの中においても、島内においても、閉鎖された社会のなかでいかに人間関係のバランスを保とうとするのかという住民の心情にも触れたような気がした(4)。

### フィールドワークと写真

大学院の指導教授であった蒲生先生から、フィールドワーカーは現地の言葉ができることだけでなく、カメラの技術、デッサンの技術、運転免許くらいはほしいねと言われたことがあった。私はいずれももたない不出来なフィールドワーカーであった。とはいえカメラだけはもっていった。

当時、フィールドワークの写真はスライド用フィルムを使っていた。デジタルカメラではなく、フィルム代も高く現像にもお金がかかるので、最低限の記録用としてのみ写真を撮っていた。

しかし、二月十三日に中学校の卒業式があり、その様子を撮りに行くと、ムラの人から記念写真を撮ってくれとせがまれた。ムラでカメラを持っている人は、まだそう多くなかった。それをきっかけとして、証明写真を頼まれたり、亡くなったときに遺影として使うから霊前写真をとってくれと頼まれたりした。

スライド用フィルムで撮ったものをプリントするには、時間もかかったしお金もかかった。そこで一台はスライド用、一台はプリント用のフィルムを入れたものと、二台のカメラをもっていくことにした。

都草島に行く時である。バスで木浦市に入る前に、検問所があった。当時は北朝鮮からのスパイを警戒するため、夜間通行禁止令もでており、間諜申告といい怪しい人間がいたら、すぐに申告しなさいという時代である。ことに木浦は前に多島海が広がり、スパイが入りやすいと考えられていた。

若い警官がバスに乗り込み、荷物の検閲をはじめた。私のところに来ると、なぜカメラを二台ももっているのかと尋ねた。私は正直に「一台はスライド用で、一台はプリント用です」と答えた。ところが、若い警官には「スライド用」という言葉が通じなかった。私の発音が悪かったからなのか、スライド用フィルムという言葉自体を知らなかったのか、怪訝な顔をして、身分証明書の提示を求めてきた。私はパスポートを出し、「一台は故障しているのです」ととっさに嘘をついた。すると、日本人であることがわかったからか、故障ということで納得したのか、無言でパスポートを返し、立ち去っていった。

ちなみに、私が八二年三月に韓国の留学から帰る二ヶ月前の一月五日に、六〇年代末から長く続いた夜間通行禁止令が解除されたのである。

## 後悔と反省

人類学においては、調査は最低一年半、その社会で暮らすべきと教わったことがある。その社会の言葉を習うには、最低でもそれくらいの期間がかかるであろうし、一年間という生活のサイクル

写真17　キョンスの家から帰るとき、皆に見送られる。「また、おいで」の一言がうれしい。（1991年撮影）

を一回り経験することは、その社会を理解するうえでの必要条件であろう。

私は一年五ヶ月の間、韓国には滞在したが、その間ずっと都草島にいたわけでなかった。その意味では、せっかくの調査のよい機会をずいぶんと逃してしまったという反省がないわけではない。しかし今、振り返ると、長期間に渡って都草島に暮らしていたら、私だけでなくキョンスの家の人たちもストレスを溜めていたのではないかと思う。むしろ、何度も通うことで、遠方からわざわざ自分たちに会うためにやって来たと思ってくれた面もあったのではないだろうか。また、光州での生活も、私にとっては大切な財産であった。

ただ、はっきりと言えるのは、その後、韓国社会で調査をする時、あるいは韓国社会について考える時、すべてこの時の都草島での経験が土台となっていることは間違いない。多くの反省は残るものの、後悔はない。

今こうして本書を執筆しながら思うのは、都草島で聞いたことを、光州に帰ってすぐに文字化しておかなかったことが最大の反省である。

# 第三章　その後のつきあい

## 八〇年代後半

八二年四月から国際基督教大学で専任助手を二年間勤め、その後は、武蔵大学、早稲田大学、跡見学園女子短期大学など、いくつもの大学の非常勤講師として暮らしていた。一年間を通して授業があり、大学によって学期の始まりと終わりの時期が異なるので、フィールドワークのために、まとまった時間を得ることがむずかしかった。しかし、夏休みを利用して、ほぼ毎年、韓国には行くようにした。そのたびに契のお金を支払う約束もあり、それぞれ二泊三日ほどであったが都草島を訪れた。八三年には行けなかったが、契のお金はソウルの知人を通してハラボジに送った。そして、八四年夏には、契のお金を受け取り、八五年冬には契金を完済した。また、八七年は都市アパート団地居住者を対象として祖先祭祀の調査のためソウルに約二ヶ月余り滞在し[1]、その合間をみつけて都草島に向かった。

八八年、民博に拾われ、ようやく三十七歳で専任の職を得ることができたが、今度はさまざまな仕事に追われ、なかなか都草島に通うことができなかった。それでも、やはり年に一度だけは都草島の人たちに会いたいと、他の研究目的で韓国に行った時にも、なんとか都合をつけて都草島に行くようにした。都草島に行くには、暴風注意報などで船が突然欠航になることもあり、行き帰り一両日くらいの余裕がないといけなかったが、なんとか八八年、八九年、九〇年と毎年一度は通った。

私の研究テーマの柱の一つは、「韓国社会における生活文化の変化」にあったが、何度も都草島に通ううちに、都草島の事例を通して韓国社会の変化を考察してみようと考えるようになった。

はじめて島に入ってから十年ちかくなると、ムラに入ると「よう、また来たのか」とムラの人たちから声をかけられるようになった。ムラの年寄りの中には、私の手をとって「忘れもせずに、よく来たね。ありがとう。ありがとう」と挨拶をかわしてくれた。

ある年の夏、ムラに着くと早速、ハルモニが私の持って行ったお土産をムラの知り合いにも分けなければと、私を連れて歩いた。友だちのおばあさんの家に行くと、ハルモニは「ウリ　イルボンアドリ　ワッソ（うちの日本の息子が来たんだ）」と自慢げに言った。私は「アンニョンハセヨ（こんにちは）」と挨拶をした。おばあさんは「よく来た、よく来た」と言い、手をとって私の歳を尋ねた。「一九五〇年生まれです。六・二五（朝鮮戦争）の年です」と答えると、「そうか。その時、息子を一人失ったんだ」とポツリと言うと、しわくちゃの顔を私になすりつけてきた。そして、思い出したように、飲みさしの焼酎瓶を運んで来ると、「アンジュ（肴）が何もないな」と台所に行き、味噌とヨルムキムチ（おろぬき大根のキムチ）を持ってきた。私は庭に生えている青トウガラシを摘んできて、「おばあさん、アンジュはこれが一番です」と伝えた。今でも夏の暑い日、食欲がないときは、ムラで食べた麦ご飯と味噌、青トウガラシとヨルムキムチの味を思い出す。

夏と言えば、日本の土用の丑の日にウナギを食べるように、韓国では夏至から立秋の間の庚の日にあたる「三伏」の日にイヌ肉を食べて暑気払いをする。韓国語では体力増強を「補身」といい、このイヌ肉をスープにしたものは「補身湯」という。夏の暑い日に汗を流し流し「ああ、すっきりする」と言いながら、熱くて辛いこのスープを堪能する。

ムラでは、たいていの家でイヌを飼っている。これらのイヌはトンケと呼ばれる。トンは糞、ケはイヌを意味する。朝鮮半島ではイヌに人糞を食べさせた風習があったことからそう呼ばれるが、ムラで飼われているイヌも子どもたちの糞を食べている。ムラの人たちは、夏になると、なにか理由をつけては、集まってイヌを食べていた。私もムラの人たちに誘われて、何度か都草島の柿木海水浴場に遊びに行き、イヌをつぶして焼肉にして食べた。そして、私が夏にキョンスの家に行くと、帰り際の挨拶の言葉は、家に飼っているイヌを指さし「今度来たら、こいつを食べよう」であった。

八九年には十一月に行った。この年は十一月十三日が陰暦十月十五日であり、時祭があった。私は八二年に一度参加した。その時は二日にわたって祭祀をしたが、この時は二班に分かれて一日で祭祀が終わった。その夜のこと、キョンベは学校の宿題があった。「自分の家の墓がどこにあるのか、それは自分から数えて何代上の人か」というものであった。同じ宿題を出されていたキョンベのイトコにあたる子どももハラボジに尋ねに来た。たまたま、そこに居合わせたS氏は、「ウリイルボンハクセンに聞け」「彼はウリチバン（私たちの身内）のことを、ハラボジから聞いて、おまえたちよりよく知っている」。私は、おもはゆくあったが、うれしくもあった。その時、キョンスの

写真18　左から、キョンベ、キョンス、キョンテの三兄弟。（1984年7月撮影）

家でだけでなく、この一族の人たちにも「身内」として認められた気がしたからである。

### キョンスの三兄弟

八四年に行った時、キョンスの弟がもう一人生まれていた。名前は、キョンベ、キョンテである。キョンス、キョンベ、キョンテの三人兄弟の名前の上の一字であるキョンは行列字といい、同じ一族の同一世代の者が木火土火水の五行の順にしたがって一字を共有することによって、一族内の世代の序列を明らかにするものである。

私は八〇年に初めて会ったキョンスについて、八八年に『TOKK』という雑誌に雑文を書いている。そこにはキョンスを通して、ムラの生活の変化が書かれている。少し長いが、その一部を再録してみよう[2]。

　こうした社会の変化以上に八年の歳月を感じさせてくれるのが、子どもの成長である。私にはこの島に八年来の友人がいる。彼の名はキョンス。今では中学校一年生になった。私が住み込ませてもらった、精米所を経営する家の少年である。私たちが初めて出会ったのは彼が数え年で六歳の時である。フィールドワークに入ったといっても、初めのうちは親しい人もなく、始終お年寄りから話を聞かせてもらえるわけでもない。キョンスは暇な時間のよい遊び相手になってくれた。国民学校（小学校）にあがる前のことでもあり、農作業に忙しい家族にかわってハングル（韓国の文字）を教えてあげもした。日本人にむりやり日本語を教えられた韓国人は多いが、日本人からハングルを習った韓国人はめずらしいだろう。それがいけなかったのか、キョンスはあまり国民学校の成績はよくなかったらしい。家の壁には弟のキョンべの優秀賞の賞状が何枚か貼られているのに、キョンスのは皆勤賞が一枚だけである。でもキョンスは、私が初めて行った時まだ赤ん坊だったキョンべとその後生まれたキョンテの、二人の弟のよい兄さんである。男の子三人、よくけんかもするが、仲良く遊んだりもする。

　子どもの遊びもずいぶん変わった。小銭を壁に向かって投げるトンチギや釘を地面にさす遊びや、サッカーをしたりが子どもの遊びの主流であった。一九八二年三月に始まったプロ野球の人気はＴＶを通して子どもたちの遊びを変えていった。広場にはひいきのプロ野球のユニフォームを来ている子どもさえいる。キョンスの家には、ソウルの電子工学関係の会社に勤めているおじさんが、去年お土産に買ってきてくれたファミコンだってある。宿題もせずにファミコンをしたり、また弟と順番を争っては、お父さんによくしかられる。

TVの影響はコマーシャルからが最も受けやすい。子どもたちはそれまでおばあちゃんから砂糖を手のひらにのせてもらってなめたり、サツマイモをもらって食べていたが、今は駄菓子屋に行き商品名をあげてお菓子を買うようになった。子どもばかりでなく大人も商品を指定して買うようになり、店の主人は仕入れが大変になったという。

キョンスの家には八五年に冷蔵庫が、八六年にはLPGも入った。これらは部落ではまだ数えるだけしかない。韓国の食事はもとよりキムチをはじめ保存食・貯蔵食が主体であり、まだ冷蔵庫の中には氷と冷たい麦茶、それにキムチしかなく、乳製品などはない。それでもだんだんと台所仕事や食事内容も変わってくるだろう。（中略）急激な社会変化の中で中学一年のキョンスが、今何を感じ、これから何を考えていくのか、私も一緒に追いかけていきたいと思っている。


八八年は、ちょうどソウルでオリンピックが開催された年である。その二年前の八六年には、ソウルでアジア大会が開催されていた。その前後から、ソウルは大きく変貌していた。ことに外食産業が隆盛し、街並みは東京とほとんど変わらないようになっていた。都草島でも、その変貌の兆しが見え始めた時期であった。

## 九一年度の調査

民博に勤めて二・三年が経ち、仕事にも慣れてきたので、あらためて韓国社会での長期調査をしてみたいと考え、私が民博に来た年に外来研究員として民博に来られていたソウル大学の李文雄先生に共同研究者になっていただき、「韓国社会の生活構造とその変化」という研究課題で、日本学術振興会特定国派遣研究者の申請を出した。幸いにして、この申請が採択され、九一年六月一日から九二年三月三十一日まで十ヶ月間、韓国に行くことになった。私事であるが、九一年五月二十五日に結婚をし、その一週間後に韓国に渡った。

ソウルのワンルーム・マンションを借り、最初の三ヶ月は私一人で暮らしたが、少し落ち着いたので九月から妻と一緒に暮らすことにした。そして、十一月十六日にはじめて妻を都草島に連れて行った。当時、博士論文を書くため韓国で調査をしていた総合研究大学院大学の岡田浩樹さんも同行した。

妻は辛いもの、ニンニク、塩辛などが苦手で、韓国料理の代表ともいえるキムチもほとんど食べられなかった。正直言って、都草島に連れていってよいかためらっていたが、あらかじめそのことをハラボジには話していた。

十三時発の高速船に乗り、十五時前に莘郊里に着いた。ハラボジはじめキョンスの家族に妻と岡田さんを紹介した。うわさを聞いてか、ムラの人たちが何人もキョンスの家に集まってきた。妻は韓国語をわずかしか知らないのでとまどっていたが、皆、やさしく迎えてくれた。

写真19　ご飯、汁、キムチのほかに、焼き魚、海苔、ゆで卵、そしてタクワンと、辛いものを食べられない妻のために心遣いをしてくれたお膳。

その日の夕方、島に着いて最初の食事であった。私はどうなることかと心配していたが、ハラボジがモバンに膳を用意させ、三人で食べるようにと勧めてくれた。膳には、山盛りのご飯と、豆腐のはいった汁、キムチとともに、タクワンが載せられていた。妻のためにハラボジが前日に木浦に行ってタクワンを買ってきてくれたことを後で知った。

その夜、私と妻はモバンに寝たが、妻は白い壁が黒くなっていることに気づいた。牛を飼っているので、十一月とはいえ、ハエが家のなかに入ってきて壁にとまっていたのだ。私はまったく無頓着であったが、妻はなかなか眠れなかったようだ。

妻を連れて行ったことで大きく変わったのは、それまでは「ハクセン（学生）」と呼ばれていたのが、「アジョシ（おじさん）」と呼

写真20　C姓一族の祭閣。私はこの祭閣の周りに木を植えるための寄付をさせてもらった。

ばれるようになったことである。韓国では、結婚してようやく一人前である。結婚する前の独身者は、チョンガクと呼ばれる。日本語のチョンガーは、この言葉の借用語である。八八年からは就職して学生ではなくなったが、結婚するまでは、なんとも頼りない「学生」というふうにしか見えなかったのだろう。

## 祭閣建立

十一月十六日に行った四日後、十一月二十日は陰暦十月十五日であった。八二年、八九年と陰暦十月十五日には時祭で墓にお伴したが、この日は違った。祭閣が建立されたのだ。

八二年の時から祭閣建立の話は出ていたが、八四年の門中決議録には「祭閣を建設することを決議し、充分な時間をおき設計および資金造成方法などを熟議し推進することにする」とある。祭閣建立の話が具体化したのは、八四年に門中の山林売却の話がおこり、それにともなう基金をどのように使うかということから始まった。門中の成員の中で優秀な子どもの奨学金にしようという案もだされたが、現在都草に在住する人たちのために使うべきであり、同時にソウルなど都市に出た人たちにとっても故郷を誇れる祭閣を建設するのがよいではないかという結論に達したという。その後八九年の春に着工したが、山林売却にともなう問題、祭閣の建築資金の問題などにより、工事が遅れ、九一年十一月十六日に落成し、この日十一月二十日に、ここで時祭を行うことになったのである。

祭閣の完成・披露には七二〇〇万ウォン以上の経費がかかった。これをもともとの門中の資金二七〇〇万ウォン、山林売却資金三七〇〇ウォンに加えて、八百万ウォンの寄付でまかなった。寄付は主として都草島から出て都市に在住する人びとにたよったという。

都市に出た門中の成員は、木浦、光州、浦項などにも在住するが、その多くはソウルをはじめ首都圏に在住している。ソウルに住むハラボジの末息子が、ハラボジの意向を受けて、彼らに連絡をとり寄付を募ったという。これを契機として、以前から首都圏に住む門中の人びとの集まりはあったが、これをあらためて組織化し、九一年十二月に「花樹会」を結成した。

祭閣には、それまで墓に行って祭祀をした八代祖から五代祖までの位牌とともに、その下の世代の祖先の位牌も並べ祭祀した。祖先に供えた食べ物を共食する「飲福（直会）」になると、人びとは口々に祭閣の完成を慶び、門中の自慢を私に語った。しかし、時祭に参席すべく都市から戻ってきた人は一人もいなかった。参加した人数に比して祭閣が広く立派なだけに、余計に寂しさを隠しきれない気がした。

ハラボジたちの祭閣建立は、韓国社会のなかでの「両班化」現象の一例として捉えることができた。(3) 制度・身分としての両班はすでに消滅したものの、現代社会になって多くの人びとが自己を両班家門の末裔と認識するようになり、かつての両班社会の規範が社会全般に拡散し、韓国人のアイデンティティと考えられるまでにいたった現象を「両班化」という。族譜（一族の系譜）の編纂事業、先祖の墓の整備、祭閣建立などは、両班のステイタス・シンボルとなっているのである。

## ソウルの莘郊里出身者

九二年三月六日、首都圏在住の莘郊里出身者の集まりである「花樹会」があるというので、金湖洞のある家を訪れた。莘郊里出身者は、その家族を合わせると二百名近くいるという。五〇年代に莘郊里からソウルに出てきた人たちが、金湖洞や薬水洞のタルドンネに住んだ。タルドンネとは「月の街」を意味する。山腹にあるところから月がよく見えるのでそう呼ばれるが、小さな家々が密集してたつ貧民街の別称でもある。この地域に、多い時は二十世帯近くがいたという。わずかな農地を売った金をもってソウルに上がってきてもさしたる資金にもならず、手に職をもっているわけでもないので、はじめに出てきた人が食堂や工場などで働き、それを頼って、その兄弟が出てき、ある程度余裕ができると故郷に残した両親を呼び寄せるという形が多いのだと聞いた。

この日は、都草島からハラボジも出てきて、祭閣への寄付の礼を述べると聞いていた。私はハラボジの末息子と待ち合わせして、彼の車で、その家に行った。道が渋滞しており、私が行った時には、ハラボジをはじめ十四・五人の男性が集まっていた。私は集まった人たちに対し、きちんとした挨拶もできずに、ハラボジの横に坐り、皆の話を聞いていた。

「同じ莘郊里に住むK姓は、C姓の人たちよりも早くにソウルに上がり、五百人を超える人が首都圏におり、なかには八〇年代初めの不動産の高騰期に財を成した人もいたので、門中の活動を活発にしているのに対し、自分たちは、二十年ほど前に花樹会を結成しようとしたが、その時はうまくゆかなかった。今回こそは団結していかなければならない」ということが強調された。それには「ある程度経費が必要なので会費を集め、年に四回は集まらねばならない」という意見に対し、「ある程度軌道に乗ってから会費制にしよう」、「集まるのはむずかしいが電話で消息を伝えるなどともかく関心をもつことが大切だ」、「男性だけでなく女性も集まれるようにしよう」、などという意見が出された。次は六月に集まることが決まり、あとはひさしぶりに会った人同士、酒をつぎあい、思い出話に花を咲かせた。

この年、九二年は一月に宮沢喜一首相の訪韓を前にして、朝日新聞による「慰安婦」報道があり、韓国のマスコミもこの問題を大きくとりあげ、反日感情が高まっていた。集まった人のなかから、私に「慰安婦」問題をどう考えるのかという詰問がなされた。すこしお酒も入っており、その口ぶりからは、この場になぜいるのかわからない不審な日本人である私に対して、あまり好意をもっているとは思えなかった。私は即座に答えることができず口ごもった。こういう場合、私の個人的な考えを述べるのか、あるいは日本人の立場を説明するのか、頭のなかにはさまざまな答えがめぐっていた。

七九年に韓国語を勉強しはじめてすぐ、ちょうど八月十五日を前後して放送された安重根のテレビドラマを見ながら、下宿先で子どもに「伊藤博文って、どういう人なの」と聞かれた時は、伊藤博文の千円札と聖徳太子の一万円札をみせて、「伊藤博文は、日本の最初の首相だから千円札になっているけど、一万円札は、昔、韓国からの文化を取り入れた聖徳太子になっているだろう」と答えた。一万円札が聖徳太子から韓国ではその「脱亜論」がアジア蔑視および侵略肯定論として評価されている福沢諭吉に変わっていただけでなく、まさかお札を出して子どもだましの説明をするような相手でもなく、苦笑いをうかべていると、にわかにハラボジが一喝してくれた。「日本はよくない。でもこいつはよい」。

その場は、それで逃れた。今でもこの時どのような答えをしたらよかったのか自問することがあるが、その時の私は、ハラボジにとっての日本とは、日本人とはどのようなものなのだろうかがとても気になった。マスコミからの情報に左右されるのではなく、植民地期から日本人と実際につきあってきたハラボジが、どのような考えで私を受け入れてくれているのだろうか、それを聞くことはできなかった。

## 婦女会の旅行

九二年二月十八日、臨時婦女会が開かれた。この日の議題は婦女会の旅行についてである。司会が行き先を「陸地（半島部）にするか、島にするか」と切り出す。あらかじめ婦女会の主だった人たちの意見は聞いているようで、釜谷温泉と済州島という具体的な地名をあげ、「釜谷温泉は慶尚道にあり、そっちの地方を儲けさせることはない。済州島は国際観光都市になっており、一度は行ってみてもよいのではないか」と誘導する。婦人たちの希望は、もともと飛行機に乗ってみようというところにあり、済州島に飛行機で行こうという雰囲気が全体に作りだされる。

次に司会が、日程について「出発日は三月〇〇日、旅程は三泊四日、ただし済州島に三泊もするとあきてしまうから、一泊はどこか温泉地にしよう」と、皆に同意を得る形で話す。その時にはすでに婦人たちの関心は「飛行機に乗るにはどうしたらいいの」「飛行機に乗ったら酔わないかしら」と、飛行機に乗ることに集中してしまっている。

今回の旅行は、婦女会の資金が三百万ウォンほど貯まり、それで旅行に行くことになったが、資金を全部使い切ってしまうと今後の活動に支障をきたすので、百万ウォンは残しておき、一人二・三万ウォンを負担するということの了承がとられる。旅行に行くのにいくらかでも負担しなければならないことに反発があることを予想してか、司会は「金が足りなかったら、済州島に行ったらミカン畑で働いてくるか」と冗談めかしに言い、後のことは里長が旅行社と折衝して決めるということで会議が終わった。

翌日、里長の家に集まった男たちの間で、婦女会の旅行について話題がのぼった。婦女会のメンバーでありながら旅行に行けない人、メンバーでなくても旅行に行きたい人の経費負担について議論していたが、何かの拍子で、三年前に独立記念館に引率した人が、今回の旅行に引率で行く青年会長に向かって、高速道路を走るバスの中で唄い踊る婦人たち、婦人たちがどれだけ酒を飲むか、面白おかしく経験談を披露した。それから、ムラの女性がいかに強くなったか、それぞれが体験談を話し、大笑いになった。

写真21　冬の仕事は、畑でホウレンソウの収穫。これも女性たちの仕事である。

私も高速道路を縦に揺れながら走るバスを見たことがある。婦人たちが車中で唄い踊るバスだった。農村で働く婦人たちは、一年中、そして一日中、働きづくめである。そうした彼女たちの年に一度のストレスの発散の場が、バスの車中なのだろう。

私が八〇年代に調査した時には、私はハラボジやアボジとともに部屋で膳をともにして食事をした。農繁期のハルモニとオモニは、土間にいたままで、洗面器のような器にご飯を入れ、ナムルなどを混ぜたビビンパを匙でかけこむように食べていた。もし、女性のフィールドワーカーだったら、ハルモニやオモニと一緒に、そうした形でご飯を食べなければならなかっただろう。

## 都草島の変化

九二年以降も、毎年韓国には行く機会をもったので、時間的な予裕がある時は、都草島に通うようにした。

そんな中で、九四年に光州市に行き、金圭烈さんの家に泊めてもらったとき、家においてあった『無等日報』という地方新聞が目にとまった。十一月十八日付けの新聞に「多島海—楽島を培うための連載」という記事に都草島がとりあげられていた。見出しに「観光所得に死活をかける」とある。都草島の九〇年代前半の概況を知ることができるので、一部を抜粋してみよう。

「木浦から一時間の距離にある都草島。ここでも北側に向かい合う飛禽島との連陸橋架設が進行中である。八九年から郡道三号線延長線上で施行されているこの橋は、来る九六年完工予定である。総工費一八二億四〇〇〇余万ウォンに達する飛禽—都草間の新安第二橋は現在橋脚など一部工事が完了し、上部のスロープ八一二メートルうち一七五メートルが完成し、七十九パーセントの工程を見せている」。

「島の玄関である火島船着き場に降りると近隣に塩田があり、この他にも大小の塩田三二〇ヘクタールが散在し、塩生産がこの島の主な所得源であることを表している。しかし、最近の離島現象による人力不足のために十二ヘクタールの塩田が放置されている実情である」。「面所在地を過ぎ、非舗装道路に従って島を眺めると、いまだに草葺きの家がそこここに目に入り、米麦依存農業を脱皮できずにいる島経済の現住所を物語ってくれている。最近何年の間に都草住民たちはホウレンソウ栽培を拡大、春白菜とともに所得源とするなど変化を図っている」。「都草は結局、柿木海水浴場と牛耳島一帯の秀麗な海岸線、奇岩怪石など、天恵の自然資源が住民所得と連結するという見解が支配的である」。

莘郊里の状況も人びとの生活も大きく変化していた(4)。なによりも世帯と人口の減少が目についた。八〇年には八十五世帯、四一一人であったのが、八五年には七十六世帯、九〇年に五十七世帯、九六年には四十四世帯、一一三人になっていた。世帯の減少もさるものの、それ以上に人口減少が甚だしいように、莘郊里には老人単身世帯が多くなっている。

## 組合長の死

九六年春に一年ぶりに都草島に行って、お世話になった組合長が九五年の秋に亡くなったことを知った。組合長は、八一年にハラボジと同じく都草面の面長になり、火島の冷凍工場の建設をはじめ都草面の行政に尽力した。しかし、詳しいことはわからないが、八八年に面長をやめた後は、富川、光州、ソウルなどでアパートの管理所長として暮らしていた。私は光州やソウルで何度か会い、食事をともにした。最後に会った九二年には「腫瘍ができたので、深海サメの肝油を飲んでいる」

と話していた。

「金大中氏が大統領になれば」というのが組合長の口癖だった。金大中氏は都草島の隣にある荷衣島の出身である。韓国には全羅道と慶尚道との「地域感情」がある。これは百済と新羅という歴史に起因するという説もあるが、戦後、農村地域である全羅道の出身者が首都圏に移住した後も相対的に社会的地位の低い職業につかざるをえなかったのに対し、慶尚道には工業地帯が発達したことにより、経済的な地域格差が生じたことによる。そして、それは歴代大統領が慶尚道から選出されたからと考えられていた。金大中氏は、九七年の大統領選挙に勝ち、九八年から大統領になったが、組合長が亡くなった後であった。もっとも、大統領の効力も任期内でないと効かないようだ。一度は都草島の道路標識に荷衣島まで道路が続くかのように表示されたものの、金大中大統領が退任した後には、荷衣島と書かれた文字の上に×印が上書きされていた。いずれにしても、組合長の夢は叶わなかった。

ハラボジは、長男が亡くなったことについて、ことさらには語らなかった。しかし、その心情は深い寂しさに潰されていた。ふと、ハラボジは私にもらした。「もし、あいつが元気で生きていれば、還婚式ができたのに」と。

かつての両班の理想的な一生を屛風に描いた「平生図」がある。(5) その最後の一幅が還婚式の図である。結婚して六十年、その夫婦が健康であるだけでなく、それを祝う子どもたちが皆元気でいてこそ還婚式が執り行われる。ことにハラボジの両親は共に長生きで、父は一九六二年に八十八歳で逝去、母は六一年に八十四歳で逝去した。父が二十歳、母が十七歳の時に結婚したので、一九五四年に還婚式をあげたのだという。八二年にキョンスの家族の歴史について聞いたときに、陰暦三月十五日に行われた還婚式は、一ヶ月前から酒の用意をし、弁当を五千食作ったが、綱渡りも招いたので、それを見に七千人近くの人が集まった。その時の写真も残っていた。当時の金で二万ウォンはかかったと、ハラボジが写真を私に見せながら、語ってくれたことがあった。

ハラボジとハルモニは一九三四年に結婚しており、一九九四年には六〇年を迎えていた。ずっとその日のことを夢見ていたが、九二年頃から長男である組合長の体調がずっとすぐれず、還婚式の話をできずにいるうちに、組合長に先に逝かれてしまったのである。

## ハラボジとハルモニ

それから数年たって、ハルモニは九九年一月六日（陰暦九八年十一月十九日）に、ハラボジはその年の十月三日（陰暦八月二十四日）に亡くなった。

ハラボジは一九一九年に生まれる。十二歳で四年制の学校に入学し、卒業すると一人で木浦にて六年制の学校に通い、その後、二年制の商業学校を卒業して、税関に四年間勤める。一九三四年に十五歳で結婚、二十歳で組合長である長男が誕生。二十五歳で次男、三十歳で三男が産まれるが、二・三男はいずれも若くして死去。三十四歳でキョンスのアボジである四男、三十九歳で五男が産まれた。

写真22　ハラボジとウシ。ハラボジは晩年までウシの世話をしていた。

初めて会った時、黒い髪の物静かな男性であったハラボジは、亡くなるまで髪が黒いままで寡黙であった。私にとってハラボジは、韓国のウシのように思えた。私の長い友人でもある韓国国立民俗博物館の千鎮基館長は、その著書『韓国動物民俗論』で十二支に登場する動物について、章毎に民俗学的意味を解説している。ウシの章のタイトルは、「勤勉・愚直・悠々自適の丑・牛」である。その一部を抜き出してみると、「農業社会である我が民族に牛は農事を助ける仕事をする動物であり、富と財産、力を象徴する」「犠牲、財物、逐鬼の象徴」「牛の性格は純朴で、勤勉で、愚直で、忠直だ。牛のように働く、牛のように稼ぐという言葉は、休まずに働く牛の勤勉性を称賛する言葉である」「牛は生口と言うほど、大切に扱ってきた私たちの祖先は牛を人格視したという話が多く伝えられてきている」とある。ハラボジを言い表したかのようである。

一方、ハラボジより三歳年上のハルモニはニワトリのようである。同じく『韓国動物民俗論』のニワトリの章は「黎明・逐鬼の酉・鶏」となっている。「鶏は鳴き声で夜明けを知らせ、光の到来を予告する動物だ。鶏が鳴くと夜明けが来る。人びとは鶏の鳴き声とともに夜明けが来て、暗闇が終わり、夜を支配していた魔鬼や幽霊も引き下がると考えた」「未来を予知する瑞鳥」「朝鮮時代に学問と官位を志す人は書斎に鶏の絵をかけた。鶏は立身出世と富貴功名の象徴だからだ」とある。

写真23　ハルモニ。うしろにさがっているのはメジュ（味噌玉）。

ハルモニは、誰よりも早く起き、家族のことを絶えず心配し、切り回し、よく働いた。朝起きると「よく眠れたか」、昼には「口さびしくないか」、夜には「寒くないか」「暑くないか」と声をかけ、私のこともあれこれと気に掛けてくれた。頭上運搬をするため、背筋を伸ばし、小走りに歩く姿も、ニワトリが動き回るようであった。

ハルモニの口癖は「シーバルノム」である。日本語への直訳はためらわざるをえない言葉であるが、なにか心に添わないことがあったとき「えい、こんちくしょう」とか言うような感じであろうか。そして「オメ、オメ。ウリ　アドラー（ああ、ああ。わが家の息子よ）」と嘆く。韓国には「身世打令」という言葉がある。「身世」は身の上、運命を意味し、「打令」は民謡の「・・・節（ぶし）」にあたる。ハルモニは毎日、ごはんを作りながら、掃除をしながら、孫の世話をしながら、あらゆる家の仕事をしながら、自らの人生と家族の身世打令をパンソリのように唄っていた。パンソリは、笑い声、泣き声、ため息なども含め、多様な人間の情と恨を声楽として表現するものである。

韓国文化を表すキーワードの一つに「恨」がある。李御寧は『韓国人の心』で「私の韓国文化論を、もし一つのことばで強いて要約すれば、それは『恨の文化』といえる」、「『恨』はむしろ自分の内部に沈殿し積もる情の固まりといってよい」と述べている。

「情」については、日本人は情のこまやかさを大切にするが、韓国人は情の深さを大切にするという違いがあるという。韓国語では情が深いことを「情が多い」と表現する。一方、「情が多い」を漢字語にすると「多情」となるが、この言葉は韓国では文字通り情の深さを意味するが、日本では浮気を意味する。日本では情が多すぎてはいけないのだ。この違いは、ご飯を山盛りに出す韓国とおかわりがある日本の違いに似ている。出されたご飯を残してはいけないと躾られた日本人には、山盛りに盛られたご飯は負担になることもある。

ハラボジとハルモニ、この二人から韓国人の生活にまつわる知識を習ったが、私がほんとうに身を以て習ったのは韓国人の情であったと思う。

## キョンスたちのソウルでの暮らし

ハルモニ、ハラボジが亡くなった後も、キョンスのアボジとオモニは莘郊里の家を守っている。しかし、キョンス、キョンべ、キョンテの三兄弟は、ソウルに出てしまった。

キョンスは島の高等学校を卒業すると、自動車整備の学校に行き、軍隊に入った。除隊した後、同じ都草島出身の女性と結婚して、妻の兄とともに小さな中国料理屋を経営した。その場所が金浦空港からソウル市内に入る地下鉄の駅の近くにあり、私は昼前に金浦空港に到着する飛行機に乗ると、途中下車をして、この店でお昼を何回か食べた。越冬用のキムチを大量に漬けるキムジャンの始まる前、お店に行くと「都草島天日塩あります」という張り紙があった。これは店に来た客から注文を受けると、アボジに連絡し、宅急便で送ってもらい、それを配達しているとのことだった。韓国の中国料理店の多くは、注文を受け、配達することで商売をしている。下の弟のキョンテは大学を卒業し、ある会社に勤務したが、そこを辞めて、兄の店で中華料理の配達を手伝っていた。韓国社会は、大学を出てもますます就職がむずかしい時代になっている。

キョンスは、子どもが学校に通うようになると、配達中心の中国料理店では休日もなく、経営も不安定であることから、店をたたみ、大きな中国料理店のコックとして勤務している。キョンテもまた、今は中国料理の修業をしている。

写真24　キョンベの結婚式 前列左からキョンスの次男、オモニ、アボジ、キョンスの長男。2列目左からキョンスの妻、キョンス、キョンベ、キョンベの妻。最後列にいるのはキョンテ。

真ん中のキョンベは、島の高校を出ると、仁川の専門大学に進んだ。専攻は日本語にした。会社に入り、二〇〇九年十月二十五日に結婚式を挙げた。その時、私に主礼（仲人）として挨拶をしてほしいと頼んできた。私はうれしかったが、彼の将来を考え、会社の上司に頼むよう勧めた。この結婚式の日、ひさしぶりに組合長の奥さんをはじめ、昔の知り合いに出会った。

### キョンスのアボジとオモニ

二〇一一年三月、新安文化院の金京完事務局長が、私が新安郡都草島で調査したことを知って、私の職場である民博に訪ねてきた。そして私のインタビュー記事を文化院の機関誌『新安文化』に載せるため、一度、一緒に都草島に行ってほしいと頼んできた。その後一年半が過ぎた二〇一二年八月三十一日、私は金事務局長と私の教え子の一人である金圭烈さん、民博に外来研究員として来られた木浦大の朴正石教授たちとともにキョンスの家に一泊二日の小旅行をした。
この時の話が『新安文化』（二三巻、二〇一三年）にインタビュー形式で載せられている。

金：どれくらいぶりにここ都草島を訪問されたのですか？
朝倉：三・四年かな。去年は木浦まで来たのですが、風が吹いて来られませんでした。一年に一度ずつは来たいのですが、むずかしいです。今も可能なら一年に一度は都草島を訪問しようと思っています。今でも韓国農村生活の変化を観察していますから。
金：莘郊里という名前がついているのを見ると、ムラが少し後にできたのですね？（莘郊里を新郊里と書くと錯覚したようである。）
朝倉：もともと莘郊里は竹連里に該当します、行政里としては。竹連里莘郊ムラです。私が調査した八〇年には莘郊ムラに、八十五世帯、四一一（男二〇四、女二〇七）名が住んでいました。
金：ところが二〇一二年を基準にしてみると、とてもたくさん減りました。四十二世帯に八十（男四十一、女三十九）名しか居住していませんから。
朝倉：世帯数は半分、人口数は五分の一に減ったことになりますね。今いらっしゃる方も皆、高齢の方ばかりです。島の人口がこんなに減るのは、とても心配なことです。

金：調査当時は何歳でしたか？　そして身分は？
朝倉：私は一九五〇年生まれです。来年、還暦…あの時はちょうど三十歳を超える頃ですね。一九八〇年十月から全南大学に留学してきて、光州に住みながら冬休みや夏休みなどを利用して八二年三月まで現地調査を進行しました。日本語科で講師として授業しながらも、現地調査を熱心にしました。
キョンスのアボジ：私は五三年生まれです。私の父、今は亡くなられましたが、父がたくさんの話をしてあげ、組合長をしていた兄がいて、彼からも話をたくさん聞いて…。わが家の内実は私よりもよく知っているでしょう。父と毎日、座って話をしていましたから。
金：アボジは、当時は朝倉さんを敬遠していたようですね。
アボジ：そうですね。主に父と、歳が上の兄とだけ、対話していましたから。
キョンスのオモニ：私がどんなにしてアジョシ（おじさん）のご飯をしてあげたか？　個々別々にご飯を差し上げるから。私があのとき嫁に来た時、二十歳でしたから、（朝倉先生を）そのままアジョシと呼びました。初めて会った日を覚えています。この下の土手で洗濯をしてたの。灰色のズボンにセーターを着て入ってこられたの、初めて来られた時が。靴を履いて、なんて人が入ってきたんだろうって。
朝倉：アジョシ（おじさん）じゃなくて、学生でした。（笑い）
金：その頃、オモニは嫁の務めを果たそうとされた頃ですか、みな覚えていますか？

オモニ：それは覚えてますとも。後で、うちの家族になってしまったんですから。私は息子が三人いますが、この先生がうちの子をみんな育ててくれたんです。ここに写真もあるけど、あの前の祭閣を立てる時、先生が撮ってくれたものです。子どもたちみんなを撮ってくれて、あの時でさえ写真機が貴重なものでしたから。これがキョンス、キョンべ、キョンテといって…。まだ這っている時から育ててくれたから。キョンテが今、三十歳だから。
朝倉：この家の二番目の息子が、ソウルで結婚をするので私に主礼（仲人）をしてくれっていうんですよ。主礼は断ったのですが、結婚式には出席しました。その結婚式場に行ったら、都草の人たちが皆来られていて、久しぶりに皆さんに会いました、ソウルで。
金：現地調査をしながら、どのように暮らしたのですか？
朝倉：ムラの前にC家が運営する精米所があるのですが、そこで仕事をしたりも。そこにいるとムラの人たちが皆来られるでしょう。人びとと会うには一番よい所でしょう。それからお年寄りについて、山に行き松の木の薪を切って背負ってきたり…。ムラの会館を建てる時も、セメント袋を背負ったりもしました。そうでしたね。そうしてみると調査より仕事をもっとやっていたようですね。（笑い）
アボジ：この山の峰が我が家の山ですが、そこから松の木を切って、父について薪集めをしました。毎日父について歩いて、頭に載せて行きながら。人を連れてゆくと、持ち上げてあげたり。図体が大きいから、仕事もよくされたよね。

オモニ：後ろに大きな山があって、秋に木を切って、乾かしてからもってくるでしょ。そこで木を切って、人を雇って家にもって来て。それを焚いて冬を過ごすんだけど。この先生が、その木を束ねたものを、みんな持ってきて。ほんとうに忘れられないよ。ほんとうに私は忘れない。息子たちにはそんなことさせなかったのに。それでも、こんなに立派になられたのをご覧なさい。アジョシは、それだから立派になったのよ。楽して逃げる人はそんなにはなれない。
アボジ：朝倉教授はお酒をよく飲まれるけど、ムラの二人がお酒を教えたんです。ＪＷさんと言って。その兄貴と、この下に住むＪＮさんと…。彼らが朝倉先生に酒を教えた。（笑い）酒を飲まないというから。それで初めは酒も口にしなかったのに…。
朝倉：お酒は人間関係を結ぶのに最高でしょう。
金：この写真について説明してください。
朝倉：この方は岩田先生といって、日本時代に都草島に学校があり、教師としていらした方で、この家に住んでいらっしゃった。解放（終戦）になって日本に戻られた方で、私が名古屋で会って写真を撮ってきたものです。
金：この写真はほんとうに古いもののようですね。
アボジ：碑を建てる時、人びとがこんなにたくさん集まったんです、見物しに。父は昔、日本時代に税関で仕事し、面長もされたので、カメラを持つこともできたんですね。
オモニ：これは朝倉先生の家族…。昨年送られてきた年賀状もあります。毎年このように元気ですかと年賀状を送ってくれるわけ。忘れずに。ここに、こんなに集めておいたんです。
オモニ：アイゴー。（朝倉教授を見ながら）今はこんなに歳をたくさんとってしまったけど…。
朝倉：日本人は歳を取らないとでもいうのですか。最近は記憶力も落ちてきて。三・四年前には、みんな思い出せたのだけど…。今は日本人でも顔は思い出すけど、名前が出てこない。特に韓国人は漢字で名前を書いてくれれば、すぐに記憶するのですが、ハングルでのみ書かれると名前もよく覚えられません。初めて来た時、ここのハルモニからお叱りもだいぶ受けました。石臼を挽くとき、一人で挽くとしんどいから、一緒に取っ手をもって回せと。それでもどのように回したらいいのか、そのたびに怒られて。ちゃんと掴めと。昔は、二日間石臼を回さないといけなかった。後で鉛筆を持てないほどだった。でも、その石臼を挽いて作った豆腐がほんとうにおいしかった。豆の香りがして。豆腐を作るのに、苦汁を海から取ってきて、一日中挽く、豆を。豆腐の味がちがう。
金：ここでは石臼の取っ手を何と呼びました？「オチグニ」というんですけど。
朝倉：そんなのではない。それは「そいつ」です。そいつを持ってこい…。そいつといえば全部通じる。名前なんかなくても、どれでも持って行く。そいつはない…それを分からなければ、勘がにぶいということでしょう。

キョンスのアボジとオモニとは、今ではまったく気兼ねなく話す仲である。しかし、八〇年代に都草にいた時は、アボジはハラボジにも増して口数が少なかった。農機具の修理に長けており、農繁期は精米所で機械を操作しており、農閑期は友だちの家にでかけていることが多かった。また、オモニは農繁期には一日中、田や畑にでて仕事をしており、特に稲作が終わる冬の農閑期は男性は遊んでも、女性は畑仕事があり、一年中働きづくめであった。おまけに私が独身であることもあり、むやみに声をかけることはためらわれたのであろう。

## 都草島から見る韓国社会

一九八〇年から三十数年が経った。振り返ると、一九八〇年頃までは、いわゆる「伝統的」な社会が残っていた。しかし、都草島は、島であるがゆえに、ことに若年層の都市への人口流出が多く、伝統を維持するどころか、たとえば人手不足のため陸地よりも早く機械化が進むというように、変化が急速に進んだともいえる。また意識の上でも、いわば伝統といわれるものに対しては、自らの文化的停滞性を表示するものとして、むしろ隠そうとするところもみえた。実際に七〇年代のセマウル運動をはじめとする生活改善の動きが浸透していたが、私が外国人であったためもあるだろう、伝統的なものを隠すことに懸命な姿を見せていた。

その一方で、八〇年代は「伝統文化の見直し」が起こった時期でもあった。(6)「国風八一」というイベントに代表されるように、政府やマスコミが伝統的文化の復興を後押しするなかで、意識の上では、伝統的なものに対する拒否感はなくなり、むしろ積極的に見直そうとしていたかもしれない。

写真25（右）　改装された台所。都市のアパートと比べても遜色がない。（1992年８月撮影）写真５（第１章）と比較してほしい。
写真26（左）　家の外にあった便所が、家の内に作られる。（1994年３月撮影）

祭閣の建設もそうした流れのなかで生まれてきたのではないだろうか。しかし、伝統を継承すべき共同体はすでに崩壊しており、それを維持することができなくなってしまっていた。

　今は、キョンスの家でも、カマドのあった台所はなくなり、システムキッチンが入り、家の中にトイレができ、莘郊里でも、独居老人のための住宅が整備され、都草島でも、飛禽島を結ぶ陸橋の建設をはじめ、物質的には便利な生活へと変化しつつある。最近では、隣の飛禽島でブランドとなったホウレンソウがソウルの青果市場である可楽洞市場に運ばれると、その出荷の値段が株式市況のように農協の有線テレビによって見ることができる。もちろん、ソウルにいる家族とは、携帯電話によって瞬時に連絡がとれる。

しかし、それらはソウルの姿とは、やはり違っている。ソウルにみられる韓国社会の発展と向かう方向は同じでも、その格差はますます大きくなってきている。過疎化の時代を通り越し、限界集落へ進んでいくかのような都草島の姿は、私にとって韓国社会の二つの姿を見せてくれる。

それとともに、都草島での調査は、「私のムラ」という意識をもたせてくれた。同じ調査地で長くフィールドワークを行っている研究者たちの会話では、「私のムラでは」という言葉がよく使われる。「私の（調査している）ムラでは」を縮めた言葉なのだろうか、自分がアイデンティティをもつムラという意味で使われているように思う。自分が生まれ育ったムラというのと近い感覚になる。そこは「自分のムラ」、すなわち第二の故郷になってくるのだ。そうなると三人称ではなく、一人称で語ることになる。そのムラを語る時には、三人称で客観的にではなく、一人称で主観的に語ることになる。研究者にとっては、客観的に見ることが大切であるが、もう一方で主観的に見ることも大切である。主観的な立場があって、それに基づき客観視もできる。その意味で、都草島という「私のムラ」ができたことで、私は二つの眼、すなわち複眼的に韓国社会を見ることができるのだと思うのである。

## フィールドワークと茶房

韓国社会の変化を実感するひとつが喫茶店の文化の変化である。(7)一九七九年に私が延世大学の語学堂で韓国語を勉強した時、大学の周りには喫茶店がたくさんあった。当時は「茶房（タバン）」といった。茶房にはタバン・アガシという女の子がおり、彼女の分のコーヒーまで注文すると、しばらくの間、彼女は客の話し相手になってくれる。私も習ったばかりの韓国語の練習相手になってもらった。今やそうした茶房は姿を消しつつあり、ソウルでは外資系のチェーン店のコーヒーショップが幅をきかすようになっている。

実は、韓国社会のフィールドワークにおいて、茶房はきわめて重要な場である。私は韓国の国立民俗博物館の学芸員とともに、韓国でフィールドワークをしたことがある。八〇年代から九〇年代には、彼らはまず調査地に着くと茶房に入った。そこでタバンのマダムから、その地域の情報を得るのだった。(8)二〇〇〇年代になると、わずかに残る茶房をさがして行くと、そこには老人たちがお客としており、よいインフォーマントになってくれた。(9)時代が変わり、その利用法は変化したが、茶房はフィールドワークのインフォメーション・センターである。

そういえば私が都草島に最初に行った時も、茶房になんども入った。まずは船着き場に着き、私を都草島に連れて行ってくれた李先生が校長先生に連絡をとってくれたのも茶房からであった。校長先生に連れられ、面長はじめ島の有力者との面会も茶房でであった。何かにつけて、人と会うのは茶房であった。茶房は、シマの社交場であった。何度か行くうちに、肩で風を切るように茶房に入ってきた若者が、年配の人が先に座っているのを見ると、あわてて肩をすぼめて挨拶をしてまわるといった風景に気づいた。社交場としてのマナーがあったのだ。

都草島での生活をしつつ、時に一人でいたい時間もあった。都市にいたならば、おそらく喫茶店に入り、コーヒーを飲み、本を読んでひとときをすごすところである。しかし、都草島においては、それはできなかった。むしろ、そこは私にとってはこわい場所でもあった。私を知る人に会って、おかしなうわさを立てられれば、即座にシマ中に広まることになるからである。また、私を知らない人からはスパイの嫌疑をかけられ「間諜申告」をされる恐れもあった。したがって、一人で茶房に入ることはなかった。

二〇一三年に都草島に行き、快速船の来るまでの時間、喫茶店に一人で入ってみた。今は、そんな心配がまったくない。その時、昔のことをふと思い、三十数年の時間の流れを感じたのだった。

# 第二部　越境するコリアン社会

私は一九八八年四月から民博に勤めた。当時、民博の研究部は、第一が東アジア、第二が東南アジア、第三がヨーロッパ、アフリカ、第四がオセアニア、アメリカという地域で分かれており、第五が民族芸術、民族音楽、コンピュータ民族学などであった。

韓国研究の私は、なぜか第四研究部に配属された。それから一年たったある日、先輩教授に呼び出された。

「おまえは何を研究しているんだ？」

「はい、韓国社会の研究です」

「そうか。そういえば『食は韓国にあり』とかいう食の本を書いていたな。それで韓国では、どこで調査していた？」[1]

「都草島という島です」

「そうか、それじゃポナペ島に行って、魚食について調査してこい」

これが民博だった。ＪＩＣＡ（国際協力機構）の太洋州水産開発基礎調査というプロジェクトで、ポナペ島で魚食習慣に関する調査をしてこいという話だった。

一九八九年四月三日に大阪を発った。ポナペに行くには、グァムでの乗り換えが必要だった。韓国研究者の性なのか、空港に着くとすぐに中華料理と書かれたハングルが目に入った。街のレストランでは、女性同士で遊びに来ている日本人が割り勘で支払いをしている横で、窓硝子を拭いている韓国人労働者がいるのを目にした。領事館でも、グァムには一五〇〇〜一六〇〇人の日本人が住んでいるが、今はその三倍の韓国人が建設関係で入ってきていると聞いた。

翌日、無事にポナペに着いた。ポナペ在住のN氏からポナペの概況を聞くと、日本の建設会社が手を引いたあと、韓国の建設会社が入ってきて、空港、病院、上下水道などの工事を請け負っているが、労働者も韓国から来るので、現地にお金がおちないとのことだった。その時のことを『月刊みんぱく』に「似て非なるもの」というエッセイの中で書いている。その一部を抜き出してみよう。(2)

ポナペ島でのひとつの驚きは、韓国人の進出であった。新首都建設の工事は韓国の企業が請負っており、道ではその韓国の企業のマークをつけたトラックが行き交い、韓国人労働者の姿もかなりみかけた。またスーパーには、キムチをはじめ韓国製のカップ・ラーメンやお菓子が並べられていた。ポナペの村でお話を聞かせてもらうため泊めていただいた家で、朝食にパンノキやバナナといっしょに、韓国でひとり暮らしをしながらよく食べたカップ・ラーメンが食卓にだされたのには、妙ななつかしさをおぼえてしまった。またコロニアの街には韓国人の経営する食堂があり、わたしも何度か韓国食を食べにいってみた。その食堂で、ひとりの韓国人に出会った。日本人のくせに、韓国語が話せるわたしのことがふしぎで仕方がないといった表情を見せながらも、だんだんと故郷の友人に会ったような感じで、彼はわたしに話しはじめた。わたしもまた、ほとんどわからないポナペ語とブロークンな英語の世界で、通じあえる韓国語で話せる気やすさと、異国の地でどこか似た人に会ったというしたしみからか、はじめて会った人にもかかわらず、なぜか彼になつかしさを感じていた。彼は七年前、まだ韓国企業が進出する前にポナペにいた親戚をたよって単身この地に来て、ポナペの女性と結婚し、いまは日本人の経営する店で働いている。いかにもまじめそうな彼は、いずれは独立して自分の店をもつのだと熱っぽく語った。

これが海外コリアン研究のはじめだったとは、その時はほとんど意識していなかった。それが一九九四年に中国朝鮮族の調査に誘われ、その後二〇〇〇年にアメリカ合衆国に行く機会があり、それから海外コリアンの研究を目指すようになった。この数年はサハリンのコリアン社会を研究している。

第二部では、これら私の中国、アメリカ合衆国、ロシア・サハリンでの海外コリアンの調査を通して、越境する韓国社会の様相を描き出してみたい。

ここで海外コリアンというのは、海外に在住する朝鮮民族とその子孫の総称である。海外コリアンの移動で最も古いのは、ロシアに在住するコリアンである。朝鮮半島の東北地方が経済的に困窮をきわめていた時期に陸つづきの沿海州への移動があった。中国への移動は、十九世紀後半に始まったが、本格的に増え始めたのは日本による朝鮮への植民地支配以降であった。その次が日本へのコリアンの渡航であった。アメリカへの移住は、生活難を苦にして新天地を求め、一九〇三年のハワイのサトウキビ農場への移住に始まった。

そして一九五〇年から五三年までの朝鮮戦争、六〇年代後半から七〇年代に韓国で強力に進められた高度経済成長路線と移民政策、大企業の海外進出と結びついて新しい移動が始まった。そして、七〇〜八〇年代に世界各国に散らばっていったコリアンの数は数百万人にのぼった。そこには同時に韓国社会の国際化、グローバル化の流れも作用していた。ことに一九八八年のソウル・オリンピックの開催により、日本でも東京オリンピックの後、海外旅行が自由化されたように、韓国でも一九八八年から海外旅行が自由になった。また、一九九〇年にはロシアとの国交正常化、九二年に中国との国交締結があり、九三年に大統領に就任した金泳三は、九四年の年頭に「世界化」を強力に推進すると宣言した。こうして現在、海外コリアンは、ロシア、中国、日本、アメリカだけでなく、世界の各地に七百万人を数える。

こうした海外コリアンは、ホスト社会から見ると二つに分かれる。一つは、戦前、すなわち従来からいるオールドカマーズであり、彼らのなかにはホスト国の国籍を取得するものもいる。もう一つは戦後、ことに八〇年代以降に急速に増加した、「韓人」と称されるニューカマーズである。

これら海外コリアンの文化人類学的研究が韓国で本格的に始まったのは、九〇年代後半以降である。たとえば、韓国統一院による『世界の韓民族』全十巻が刊行されるのは一九九六年からであり、韓国国立民俗博物館が文化人類学会に委託して海外コリアン調査を開始したのも一九九六年からである。また、一九九七年に在外同胞財団が発足している。

その一つの要因は、韓国社会に海外からの移民が入ってきたことにある。中国朝鮮族の不法滞在、ロシア・サハリンからの永住帰国などが、韓国の新聞でも報道されはじめた。また、その一方で、子息の教育のために子どもと妻を海外に送り出し、自国にて一人で働きながら生活費を送る父親をキロギ（雁）とアッパ（お父さん）を合わせたキロギアッパという言葉が生まれるなど、新たな移民の時代が始まったからでもある。

私は、こうした韓国社会がかかえる現代的問題の一つとして、海外コリアンの研究をはじめた。いわば韓国社会を「外から」も眺めてみることにしたのである。幸い民博には、海外コリアンのホスト国の研究者がいる。そこで、民博にいるという利点を生かして、彼らからホスト国の情報を得ながら、「韓国人の行くところ、私もついて行く」という気持ちで、海外コリアンの追っかけとなったのである。

# 第四章　中国での調査

## 1　中国東北部の朝鮮族

### 中国朝鮮族への関心

八〇年代の後半からは、都草島での調査だけでなく、韓国の都市社会の調査をはじめていた。毎年のようにソウルに行くと、九〇年代くらいから中国朝鮮族の人びとが目にはいってくるようになった。

中国朝鮮族と韓国との関係は、一九四八年、南北朝鮮に別々の政権が樹立され、三十八度線の封鎖は決定的になり、その後の朝鮮戦争も重なって、両者間の往来は完全に途絶されていたが、一九八四年に事実上中国朝鮮族の来館を念頭に親戚訪問の来訪者に六ヶ月の在留を認める旅行証明書の発給を始めた。そして一九八六年ソウル・アジア競技大会と一九八八年ソウル・オリンピック大会に、当時国交のなかった中国が参加したのを契機に両国関係が強化され、また中国でも中継された両大会のテレビ映像が経済成長する「豊かな韓国」の存在を中国朝鮮族に初めて認識させた。さらに民主化潮流にあった韓国では分断と朝鮮戦争による「離散家族探し」が盛んであり、その対象は中国朝鮮族にも及んで、八六年には韓国赤十字社の招請による中国朝鮮族の初の韓国訪問団が組織された。

親戚訪問で韓国に入国した朝鮮族は土産物として持ち込んだ中国東北地方特産の漢方薬剤や製剤が中国市価の五・六倍で売れたことから、韓国での「漢方薬ビジネス」志向が一挙に広まった。その後、一九九〇年九月に韓国・仁川と中国・威海を結ぶ海上航路が開かれると中国朝鮮族の入国者は一挙に増加し、同時にオーバーステイなど「不法」在留のケースも急増することになった。ソウル市内の地下鉄の構内で、漢方薬を売る朝鮮族の姿を目撃したのも、この頃である。

一九九二年八月二十四日、韓国と中国は国交を結んだ。それまでソウルの明洞には台湾系の小学校やお店があったが、一夜のうちに容貌を変えてしまった。東大門市場の屋台では朝鮮族のアジュマたちが店を切り盛りしていた。彼女たちは、韓国語だけでなく、片言ではあるが日本語を知っていた。また、タクシーに乗ると、アクセントに違和感のある中国朝鮮族の運転手に出会った。彼らは、ソウルの道をあまり知らず、むしろ客である私が行き方を教えなければならなかった。

そのうちソウル市内の加里峰洞には、「朝鮮族タウン」「延辺通り」とよばれるチャイナタウンができた。加里峰が位置する九老区は、韓国の主要輸出品である布地、衣類、かつらなどを作る工業団地として六〇年代から韓国の高度経済成長を担ってきた。かつては地方から上京してきた韓国の若者がその担い手だったが、九〇年代になってから朝鮮族の人びとにとって替わられた。加里峰周辺に住む朝鮮族は工場や建設現場に従事する人びとであり、彼らを相手にする飲食店、商店が増えて発展したのである。

## 中国朝鮮族調査のきっかけ

そんな折り、竹田旦先生から中国朝鮮族の調査に誘われた。この調査は、日本・韓国・中国三ヶ国の研究者によって「中国東北部朝鮮族民俗文化調査団」を結成し、一九九四年から九六年の三ヶ年、文部省の科学研究費補助金（国際学術研究—学術調査）の交付を得て、中国東北三省の各地で共同調査を実施するというものであった。

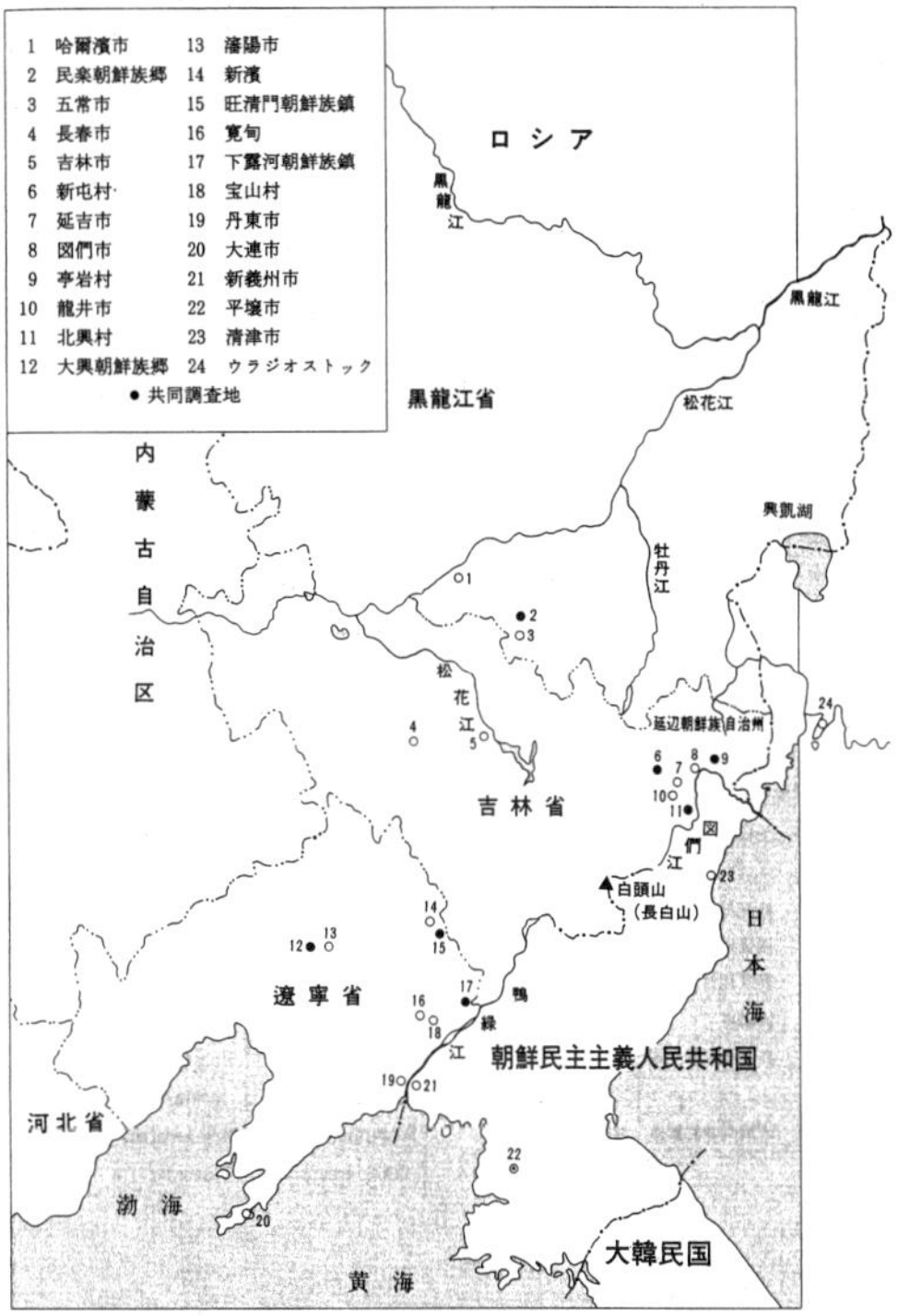

| | |
|---|---|
| 1　哈爾濱市 | 13　瀋陽市 |
| 2　民楽朝鮮族郷 | 14　新濱 |
| 3　五常市 | 15　旺清門朝鮮族鎮 |
| 4　長春市 | 16　寛甸 |
| 5　吉林市 | 17　下露河朝鮮族鎮 |
| 6　新屯村 | 18　宝山村 |
| 7　延吉市 | 19　丹東市 |
| 8　図門市 | 20　大連市 |
| 9　亭岩村 | 21　新義州市 |
| 10　龍井市 | 22　平壌市 |
| 11　北興村 | 23　清津市 |
| 12　大興朝鮮族郷 | 24　ウラジオストック |
| ● 共同調査地 | |

地図3　中国東北部略図

中国には約二百万人の朝鮮族がいる。朝鮮半島から中国への移住は一八六〇年頃から始まったといわれる。

写真27　左から竹田旦先生、池春相先生、金善豊先生。

その分布は東北地区（旧満州）に集中し、なかでも吉林省に約一二〇万人が居住し、その南部にある延辺朝鮮族自治省に約八十万人が集中している。このほか黒竜江省に約四十五万人、遼寧省に約二十五万人が分布し、これら東北三省の首府には朝鮮族の学校や放送局、新聞社、出版社などが設置されて、朝鮮語の普及を行っている。

メンバーは、竹田先生を団長として、日本から植野弘子、須藤護、津波高志と私の四人、韓国から池春相、金善豊の二人、そして中国から趙成日、朴昌黙、金錦子、尹成奎、烏丙安、江帆、郭崇林の七人が研究分担者として参加した。

竹田先生は、日本の民俗学者であり、大学院時代から学会などでお目にかかり、ご指導を受けた。植野さんは、大学院の後輩であり、台湾と満族の研究をしていた。津波さんは、沖縄出身で、沖縄と済州島の研究をされていた。須藤さんは、今回はじめてお目にかかったが、日本の民具研究をされていた。韓国側の池先生は全南大学で民俗学を教えておられ、私も全南大学に修学した時にお世話になっていた。金先生は中央大学民俗学科教授で韓国詩歌の研究をされているとうかがった。中国側の先生方とともに、私は初対面であった。

### それまでの中国朝鮮族研究

日本に中国朝鮮族の実生活が知られるようになったのは、一九八〇年代の後半である。一九八七年に刊行された、作家であり左翼運動家でもある小田実の『中国体感大観』に朝鮮族に関する記述がたびたび登場してくるし、同年には延辺朝鮮族自治州概説執筆班による『中国の朝鮮族』が大村益夫の翻訳で刊行された。この大村益夫は、一九八五年四月から延辺大学に一年間滞在し、「中国延辺生活記」を『季刊三千里』に四回にかけて連載している。

また紀行文として、一九八五年七月に延辺朝鮮族自治州、八六年に黒竜江省・ハルピン市、八七年夏に東北三省を訪れた金賛汀が一九八八年に『日の丸と赤い星—中国大陸の朝鮮族を訪ねて』を刊行しているほか、一九八七年八月下旬から九月上旬にかけて延辺を訪れた花房征夫が「延辺紀行」を『現代コリア』に執筆。さらに一九八九年には山本将文の『中国の朝鮮族』という写真ルポルタージュが刊行されている。このほか一九九一年九月から九二年十月まで延吉に滞在した富田和明の『豆満江に流る—中国朝鮮族自治州・延吉下宿日記』が九三年に刊行されていた。

一九九二年の韓国と中国の国交樹立以後、日本においても中国朝鮮族への関心がもたれるようになったが、それでも私たちが調査に出る以前の段階では、朝鮮族に関する書籍は、紀行文や体験談を中心とするものであった。

### 九四年度の調査

一九九四年八月十八日に北京に行き、二十日に吉林省中国朝鮮族自治州の延吉に着いた。私にとっては初めての中国訪問であった。延吉の空港から街までの途中で車窓から「韓信アパート」という文字を発見、韓国研究者としては、ついつい「韓」の字に目が行ってしまう。ホテルに着いて、街にでると延辺国際貿易ビル、延吉第一百貨店や、ロッテ・ビルディングなど高層ビルも建ち、店には「韓国製」と書かれた商品が置かれている。ここでは韓国製は高級なものである。夜には野外でのビデオカラオケがあり、韓国の楽曲が流れていた。

街の第一印象は、ゴミなどが放置され猥雑なところもあるが、なにより人びとが生きるためにがんばっているといったエネルギーがあるように感じた。韓国に初めて行った七九年、一九五〇年生まれの私は、ソウルに自分の子どもの頃の東京の風景を見たが、九四年の延吉は、それと同じくノスタルジーを感じさせた。

八月二十一日、メンバーは吉林省延吉市にあるホテルで結団式を挙げ、八月二十二日から二十五日まで、延辺朝鮮族自治州のほぼ中央にある郷政府所在地の長興から北におよそ六キロに位置する安図県長興郷新屯村で調査した。一九三八年に慶尚南道からの集団移民として送り込まれ、荒れ地の開拓を始め、四八年に山腹から降りて、現在の地に移り、新たな村を形成し新屯村と称した七十六戸、二二二名の村落である。

次いで、八月二十六日から二十九日まで、鎮政府所在地の三合から北に八キロに位置する龍井市三合鎮北興村で調査した。数百メートル東には図們江（豆満江）が流れる。この村は三つの自然集落を集めて一つの村をなしており、二二〇戸、七五〇名を数える。一五〇年ほど前に咸鏡北道の人びとが豆満江を渡ってきたという。

夏のこの時期、ムラ人は山にマツタケを採りに行っていた。私たちにも、マツタケを振る舞ってくれたが、どうやらマツタケのフレーバーを注射器で入れる作業を行っているらしい。豆満江の南は北朝鮮である。河の向こうには「速度戦」とかかれた白い看板が立てられていた。

さらに、八月三十日から九月二日まで、図們江下流部の図們市涼水鎮亭岩村で調査した。ここは忠清北道から集団で移民、一五〇戸、六五〇名の村落であった。

一年目の調査は、まだ何をテーマとするか漠然としたままであり、歳時風俗や人生儀礼などの伝統的な民俗を聞くとともに、家族構成をはじめとした基本的な情報を得ようとした。そこで、世帯調査票をもとに、家族の移住の歴史を聞き始めた。まず印象的であったのは、老人たちの家族の離散や家族員の死亡・行方不明が多かったことである。解放以前に移住した世代では、生き延びた兄弟の数も少なく、また行方不明などによって、交際関係が維持されていないことが多かった。解放以前の貧困さと社会情勢の不安定さがこうした事態を生み、解放後においても、朝鮮戦争へ参戦して死亡したり、北朝鮮へ帰った者との没交渉などがあった。

私は、三番目の亭岩村で聞いた話から、二年目からのテーマを決めた。この村で私に宿所を提供してくれたP氏が、一九九二年に四万元を用意して、親戚訪問という形で韓国に行き、一ヶ月七十五万ウォンの給与をもらい大田市の建設現場で働いてきたという話である。息子夫婦がソウルに出稼ぎに行っており、孫を老婦とともにあずかっていた。P氏の話では、この村から親戚訪問で韓国に行ったのは九一年度と九二年度の三軒で、その後は制限されたので行けなくなったという。

親戚訪問は、八〇年代の後半にはかなり大胆に行われていたようである。韓国の親戚が航空券を送ってきて滞在費をもってくれ、年収の二倍、三倍かの保証金を中国政府に積めば、人道上の観点から中国は原則的に送り出していた。当時はまだ国交がないので第三国、多くは香港を経由してソウルに入り、滞在期間は半年だが、一年に延長する人も珍しくなかったという。

九月三日に延吉に戻り、四、五日は自由行動で希望者は長白山（白頭山）に登山した。白頭山は韓国人にとっての聖地である。頂上にある天池に着くと、赤いチョッキを着た登山客が大勢おり、「会長さま」「会長さま」という韓国語が飛び交っている。韓国には「山岳会」が山ほどあり、そこから来た人たちということがすぐにわかる。

一九九二年八月上旬に延辺に行った吉岡忠雄は、「ふもとの入山料徴収所の駐車場には、ＳＡＭＳＵＮＧ、双龍といった韓国企業の大看板がある」、「韓国からの観光客は長白山に登り、天池をな

写真28　長白山（白頭山）の天池。

がめるだけを目的にやって来る。気前よくカネを落としてくれるからこちらは辛抱しているが、長白山で愛国歌を合唱し、なかには太極旗まで振り回す団体がいるのは何ごとか」という現地の朝鮮族の言葉を伝えている。

その後、五日にロシアと国境を接する琿春を見学、六日に延吉に戻った。延吉では北朝鮮が経営するという「金日成食堂」があると聞き、好奇心から行ってもみた。そして八日に帰国した。

### 九五年度の調査

二年次は遼寧省の調査である。八月一日にソウル経由で二日に瀋陽に入り、三日から七日にかけて瀋陽市干洪区大興朝鮮族郷で調査した。ここは瀋陽市街の西郊に位置する。二十世紀の初頭から日本人による原野の開拓が始まり、四十五年の解放以後、朝鮮族が引き継いで大農村に発展させた。漢族、満族なども混在している。郷内にいくつかの村があり、その一つ興盛村は、三四五戸のうち、後に転入した漢族の一族四戸を除き、すべて朝鮮族である。

この郷には、一九八五年四月から韓商投資区が設立され、郷として韓国に代表団を送っている。韓国に嫁に出て行った者も四・五人おり、多くの家で家族のうち一人は韓国に親族訪問で行ってきたか、出稼ぎに出ているという。

また、この郷にはイヌ肉を料理する店が三十軒ちかく集まり、「狗肉城」と呼ばれていた。イヌ肉は、北朝鮮では「甘い肉」とよばれ、中国朝鮮族も好物である。一方、満族は、その祖先であり、清の初代皇帝となったヌルハチがイヌに救われたことから、イヌ肉を食べることを禁じている。韓国研究者の私はイヌ肉を食べたが、満族を研究する植野さんは食べたがらなかった。

八日に新賓満族自治県に移動し、九日から十三日にかけて旺清門朝鮮族鎮旺鮮村で調査した。新賓県は瀋陽市の東方約一五〇キロにあり、旺鮮村は新賓鎮からさらに東方に五十キロ入る。吉林省との境に接した小盆地にある。

この年は七月に大雨、洪水で大被害を被り、宿舎も電気・水道が破損し、道路が崩壊しており現地との往復に難渋をきわめた。私たちの泊まった宿舎も、水道がとまっており、床屋に行き、お金を払って洗髪してもらったメンバーもいた。

ここは慶尚南道出身者が多く、ここ二・三年の間に、韓国に労務に出て行ったという。また、水害の復興に韓国のキリスト教団体から支援者が来ていた。

ムラの人は被害地までわざわざ来てくれたという思いからか、私たちを歓迎してくれ、話を聞きにうかがっても、昼から酒を振る舞ってくれた。ムラの人たちの酒は、アルコール度数の高い白酒で、なんとポリタンクに入っていた。さらに夕方は、行政府の接待もあった。そこでは蜂蜜入りの「蜜月香」や香菇（シイタケ）入りの「仙菇酒」といった口当たりのよい酒が出された。私は、白酒はなんともなかったが、接待の場での乾杯攻撃はさすがに堪えた。しかも、それは接待とはいうものの、支払いは日本側であったようだ。

次いで、八月十五日から十九日まで、寛甸満族自治県石湖溝郷宝山村に行った。寛甸県は、遼寧省の東南端、新賓県の南方にあり、北朝鮮との国境を流れる鴨緑江に臨んでいる。一九八一年陸軍演習場移転跡に省内外各地から朝鮮族を募って開村し、九四年に政府から「朝鮮族民族文化村」に指定され、朝鮮族の民俗文化保持に努めている。

このムラでは、韓国からの観光団誘致に力を入れていた。私たちが着いた八月十五日にちょうど韓国からの観光団があった。大邱にある生涯教育のカルチャーセンター一行であった。北京から白頭山に行き、丹東に来て鴨緑江を見るという観光コースの途中で、中国朝鮮族と交流するため宝山に立ち寄るというものであった。

その日、午後三時頃、老人会の人びとが学校の校庭に集まり、トゥンソ（洞簫）の練習を始める。午後五時に民族衣装に着替えると、観光団が到着との声。校門の前にムラの人たちが列を作り、熱

写真29　1995年８月15日。チマ・チョゴリに身を整えて韓国からの旅行団を歓迎するムラの女性たち。

烈歓迎。五時三十分に歓迎会が始まる。党書紀の歓迎の辞、観光団の引率教授の挨拶に続き、ムラの女性、子ども、老人たちが歌や踊りを披露する。それに答えて韓国側も練習してきた扇の舞を返す。最後に軽快な音楽にあわせて合同で踊り、六時三十分に終了。校舎の一室に料理が用意され、そこで交換会が開かれ、七時三十分には観光団は丹東のホテルに帰って行った。

韓国のカルチャーセンターからは、この五月から四十名ずつが訪れ、今回はその五次の団員で、この後、六次の一行が来るという。丹東の国際旅行社を介して打診があり、旅行社を通じて一万元の寄付がムラにあった。また観光に来た一行から、そのたびごとに金一封が寄付された。

ムラではこの寄付金で中韓果樹園と韓国か

写真30　1995年８月18日。還暦祝い。祝いの席には還暦を迎えた夫婦とともにサドン（姻戚）が座っている。この時の様子は『中国東北部朝鮮族の民俗文化』所収の植野弘子「移民社会における姻戚関係」を参照。

らの客のための便所を学校に作ることにした。しかし、九六年に私が再び宝山に行き話を聞くと、「今年も来ると言っていたのにまだ来ない」ということであった。果樹園の樹木は枯れてしまい、学校の校庭には工事途中で放り出された便所があり、草が生い茂っていた。その時にムラの人から聞いた感想は「韓国から人が来るというので、工場誘致の契機にでもなればと思った。また、韓国に行くための招請状を送ってもらえればと思った。しかし、観光目的ということだけなら、歓迎行事、食事の準備、それに演奏の練習で他の仕事ができないなど、負担になるばかりだ」というものだった。

八月十八日は還暦の祝宴があった。韓国では六十歳はまだ若いので、最近は海外旅行などに行くことが多く、盛大な祝宴をすることがなくなっている。しかし、朝鮮族においては、還暦は結婚式と並んで、人生の大きな祝いである。長生きしてくださいという意味の「オレオレアンジュセヨ（いつまでも座っていてください）」という軽快な楽曲が演奏されるなか、豪華な料理が豊富に用意され、家族、親戚、姻戚、そしてムラの人たちが集まっている。私たちも参席させていただいた。

二十日に丹東市を見学、二十一日に瀋陽に移動、二十二日に遼寧大学を訪問し、解団式を行い、公式日程を終えた後、私たち日本チームは二十三日から延吉に戻り、昨年行った北興を再訪した。私たちにとっては、初めて行った朝鮮族のムラでもあり、なつかしいだけでなく、人との出会いは「はじめまして」と「おひさしぶり」とでは大きく違う。うれしい再会ができた。二十九日にハルピン、九月一日に瀋陽、三日にソウルを経由して、五日に大阪に戻った。

### 九六年度の調査

最後は、黒竜江省の調査である。七月二十九日に大連に着き、三十日に瀋陽空港を経由してハルピンに行き、三十一日から八月六日まで五常市民楽朝鮮族郷で調査した。

民楽朝鮮族郷は、黒竜江省の南端に位置する五常市の郊外に広がる水田地帯にある。一九三七年に満蒙開拓会社が慶尚道から移民を募って形成し、二十四の屯（自然村）からなり、三万一一一〇戸（農家二九三六戸）、一万三一八八人（農民一万一九一八人）で、農民のうち朝鮮族が六五五四人、漢族五三六四人の大きな村である。私たちは、大成（三七五戸、内漢族五十四戸）、民安（約一五〇戸、内漢族十一～十二戸)、新楽(約二三〇戸、内漢族九十～百戸)の三つの屯において調査した。

初めて親戚訪問で韓国に行った人は、新楽に居住する人で、七〇年代、文化大革命が終わって二・三年後、朝鮮戦争で離散した韓国に住む息子を訪ねた母親であった。その後しばらく間をおいて、八〇年度に入ってKBS放送(韓国放送公社)を通して親戚を捜しはじめ、新楽では一九八二年、民安では八八年、大成ではそれより少し遅れて韓国に行く人がいたが、一九九〇年には親戚訪問はなくなり、出稼ぎとして行くようになったようである。

そして、大成では、ほぼ四分の一の世帯で家族のうちの一人は出稼ぎに出ており、これまで行ってきたという人も加えると全世帯の半数近くにまでなるのではないかということであった。民安では、九一年度から出稼ぎに出る人が出てきはじめ、現在四十～五十人が韓国にいる。新楽では、出稼ぎに出て十名近くが戻ってきており、今も三十余名が韓国にいるという。

また、韓国との関係でいうと、韓国人と結婚をしたとか、国内の韓国企業に就職したという人たちもいた。さらに、韓国からはキリスト教宣教師が入っていた。

五常市での共同調査の終了にともない、八月六日に総括会議を行い、七日以降は個人・グループ別による補充調査をすることになった。日本側の全員と池春相先生は、ハルピンで休息した後、八月十一日瀋陽市に赴き、昨年度予定してできなかった下露河朝鮮族鎮馬架子村で調査することにし、その準備をした。瀋陽は、九五年にソウルからの直行便が就航したこともあり、繁華街である西塔はすっかり変化していた。九五年には「朝鮮料理」という看板を多く目にしたが、九六年には「韓国料理店」と表した新しい店が林立していた。

八月十四日に瀋陽市を出発して丹東を経由で甸満族自治県に入った。この地方はこの年も大水害を被り、往路は鴨緑江の水豊ダムを遡る水路をとった。船の進行方向右手は北朝鮮である。カメラを向けていると中国の警備艇が現れた。私たちは韓国から来た観光客を装い、その場をしのいだ。

八月十五日から十九日にかけ下露河朝鮮族鎮馬架子村で調査した。ここは平安道出身者が多く、宝山村と同じく、親族訪問で韓国に行く人は少なかったが、韓国船で働く人が多く見られた。宝山村では、現在行っている人を含め、これまで三十数名が韓国の船に乗って働いてきており、下露河でも、九〇年度から始まり、現在行っている四人を含め、十二人が行ってきたという。

韓国人乗組員の中には船員気質も手伝って朝鮮族の乗組員に対し、ぞんざいに扱ったり、蔑視する者もいる。朝鮮族の立場からは、同じ民族で言葉も通じるのに、なぜそのような待遇を受けるのかと不満をもつことになる。私たちが調査をしていた九六年の八月に、韓国船において朝鮮族乗組員による殺人事件が起こった。

八月二十二日寛甸に戻った。帰路は約九十キロの陸路であったが、ノンストップのマイクロバスで四時間もかかる悪路であった。二十三、二十四日に宝山村で補充調査をし、二十五日に丹東を経由して、二十六日に大連に行き文献収集、三十日に帰国した。

## 共同調査のむずかしさと楽しさ

はじめからわかっていたこととはいえ、海外での共同調査にはいくつかの限界もあった。まずは、限られた日数である。一つのムラに数日しか滞在しないので、時間的な制約があった。次に、インフォーマントに限りがある。中国側の研究者がムラの代表者に、あらかじめこちらの意図を伝えておいてくれ、インフォーマントをリストアップしておいてくれた。しかし、インフォーマントとしてリストアップされた方のなかから、よい話し手に出会っても、こちらは多人数なので、別の調査者がその人から話を聞いていると、自分は話しを聞くことができない。したがって、長時間かけた聞き取り調査ができなかった。そのため、インフォーマントの取り合いというようなこともあり、ローテーションを決めたこともあった。

ある日、私にあたったインフォーマントはふるっていた。調査においては、まずはじめに年齢をたずねる。「おじいさん、おいくつですか?」「わしゃ、わからん」「何年生まれですか?」「さて、なあ」「じゃあ、おいくつの時に結婚しました?　それはいつごろでしたかね?」「ふん、わすれたな」「おじいさん、干支は何でしたっけ」「わしゃ、シカ年じゃ」「・・・・・・」。間接的な調査拒否であったのかも知れない。そんなやりとりをして、私はそこでの調査をきりあげた。

調査の言語については、インフォーマントの朝鮮族の人は、中国語か韓国語を話せる。とはいえ、やはり通訳は必要だということで、中国側に依頼して、日本語を習っている大学生を通訳として呼んでくれた。しかし、実際に調査にはいると大変であった。大学生の日本語もまだ充分ではなく、通訳を介すと、かえってまどろっこしいということがしばしばであった。さらに、中国朝鮮族もどこから移住したかによってそれぞれ方言があった。全羅南道出身の池先生は、平安道や咸鏡道出身の朝鮮族の言葉は正確に六・七割がたしかわからないと漏らした。ましてや私には三・四割しかわからない人もあった。

ともかくも中国側の研究者は中国語で、韓国側の研究者は韓国語で調査した。津波さんと私は韓国語が、植野さんは中国語がある程度できたので、それぞれ充分とはいえないまでも、韓国語、中国語を駆使して調査した。須藤さんは実測の調査が主となった。また、大学生たちが、私たちにとってはよいインフォーマントになることもあった。

宿舎についても、最初の九四年度は現地において「民宿」であったため、村人と居住・食事を共にでき、彼らの生活の一端にふれることができたが、九五年度、九六年度はホテルを宿舎として、連日マイクロバスで現地との間を往復して調査したため、生活を観察する時間が限られていた。私は海外での共同調査が初めてであったため、なれないことも多くあり、当時は、こうした不平不満をもちながら調査をしていたが、楽しいこともたくさんあった。

なによりムラの人たちとの交流があった。行く先ごとに歓迎会を開いてくれた。ともに酒を飲み、歌を歌った。また、宿舎や食堂などでさまざまな中国料理も食べたが、ムラの人たちが作ってくれた料理はうれしかった。中国風に油で揚げる料理が多かったが、キムチやナムルなど朝鮮風の料理も食膳に並べられた。夏なのでスイカやトマトが出されたが、「日本人は甘いものが好きだから」

と砂糖がかけられていた。スイカやトマトを甘く食べるのに、塩をかけると思っていたが、戦前の日本人とのつきあいのなかで、日本人は甘いものが好きで、砂糖と他のものを交換したという思い出がそうさせたのだろう。

調査の仲間との間では、同じ社会人類学を専攻する津波さんと植野さんとは、調査をしながら議論できた。ことに夜、一緒に酒を飲むと議論が熱くなった。また、これまで知らなかった調査法を身近で見ることができた。須藤さんの丹念な農具調査からは、正確に記録保存していくことの重要性を教えてもらった。韓国のお二人は、口碑伝承の研究では必須なテープ録音を重用していたが、なかでも金善豊先生の調査法はユニークだった。「歌をどうぞ」と言ってマイクをインフォーマントにつきつけた。テープ録音するときは、遠慮がちにインフォーマントの許可を得て行うものと思っていた私には驚きだった。私もテープに録音していたが、後でテープ起こしをする際にわからない言葉がでてきても、尋ねる人もいないことを考え、もっぱらノートに書いていく方法をとり、わからないことはその都度聞くように努めた。

そうこうして三年間にわたって調査した成果は、一九九九年に『中国東北部朝鮮族の民俗文化』と題して第一書房から出版した[1]。その中に、竹田先生が、この海外共同調査の経緯を事細かに書かれている。中国、韓国との事前交渉にはじまり、科学研究費の申請から成果の刊行まで、代表者としてのご苦労だけでなく、調査期間中の運営にまで、さまざまな配慮をされていたことを、この成果報告書を読んで私ははじめて知った。当時の私は何もわからず、無邪気に調査をさせていただいた。

## その後の中国朝鮮族研究

私たちの調査した時期と並行して、一九九〇年代の中半以降、中国朝鮮族に関する書籍が多く出版された。さらに二〇〇〇年を前後して、学術的な本が出版されている。また、中国朝鮮族は日本にも移住しており、留学や仕事で来日した中国朝鮮族の若手研究者は一九九九年に中国朝鮮族研究会を立ち上げたり、朝鮮族の日本への移動をとりあげた本も出版されるようになった。これらの本は、巻末にまとめた参考文献を参照されたい。

そうしたなかで、中国朝鮮族のフィールドワークに関心をもつ読者の皆さんへお勧めする本が二冊ある。一つは、延辺朝鮮族自治州を中心に中国東北地方の朝鮮族の移住と定着の歴史を取材した戸田郁子の『中国朝鮮族を生きる─満州の記憶』である。聞き書きを中心に、記憶に刻まれた日本の罪過から朝鮮族の子ども達の未来まで描く、心に響くエッセイ集である。「足を使って」、「人に出会い」、そこから生活と歴史をひもといてゆく手法は、人類学の手法に通じる。ことに、私たちが九六年に訪ねた寛甸満族自治県下露河にも、二〇〇〇年の夏に戸田が足を運んだとあり、そこで出会った少女と祖母の話は、とても共感する。

もう一つは、韓景旭の『韓国・朝鮮系中国人＝朝鮮族』である。この本は一九九二年から十年間にわたるフィールドワークの成果に基づき、朝鮮族の実態を明らかにしており、附章に、生まれてから日本に留学するまでの韓国・朝鮮系移民三世としての自分史も書いている。

韓さんは、私が国際基督教大学でお世話になった佐藤信行先生が、広島大学から中京大学に移られた後、中京大学の大学院生であった彼を紹介してくださった関係で、九四年からの朝鮮族調査の研究協力者として同行してもらった。彼が西南学院大学に奉職した後も、現在までずっと変わらず、共同研究者として私を助けてくれている。

私には、もう一人の中国朝鮮族出身の研究仲間がいる。その安成浩さんとの出会いは、二〇〇五年の二月に神戸大学の岡田浩樹さんからの紹介で、民博の共同研究会で彼の書いた修士論文について発表してもらったのがきっかけであった。その後、彼は二〇〇七年に「朝鮮族村落の『生成』と『解体』—グローバル化の中の朝鮮族社会の動態」という論文によって神戸大学で博士学位を取得、民博の外来研究員を経て、現在は浙江大学に奉職している。

## 2　中国朝鮮族と中国韓人

### 中国韓人の調査

東北三省での朝鮮族調査を通して、それまでは農村で集住村を形成して暮らしていた朝鮮族が、改革開放経済の導入、一九九二年の中韓国交回復以後、都市への移住、韓国をはじめとする海外への出稼ぎが拡大し、急速に拡散・流動化していることを見てきた。

一方、これとあわせて北京、青島などへの韓国企業進出にともない、現地に移住・定着する韓国人がコミュニティを形成しはじめていた。かれらは「中国韓人」と呼ばれる。

私は、韓さんと安さんの力を借りて、その後三回、中国韓人の調査をすることができた。一回目は、二〇〇五年の八月二十五日から九月八日にかけて、中国朝鮮族の住む農村の変化と、中国韓人の集住する都市部での現状を把握するために、牡丹江、ハルピン、瀋陽、北京、天津を回ってきた。後述する科学研究費による調査で、メンバーは、韓景旭、安成浩の二人と岡田裕樹、林史樹、島村恭則の日本人四人、韓国から日本に留学した洪賢秀の七人である。林史樹さんは韓国社会で移動する人の研究しており、島村恭則さんは在日コリアンの研究、洪賢秀さんは韓国社会における海外養子などの研究をしている。

北京では韓さんの紹介で、北京空港の近くにある韓人民宿に泊まった。ここは二〇〇二年に国際結婚や韓国訪問などのビザ取り扱いが北京から瀋陽領事館に移り、北京にビザ手続きをしに来る人が消えた途端、多くの経営者が民宿業をあきらめたものの、やがて韓国人の大挙進出とともに、再び興起し始めた。二〇〇五年三月一日刊行の「韓国企業電話番号簿」には、民宿だけでも八十三軒があがっている。宿泊の主体が、ビザ手続きをする朝鮮族から主に観光、事業、就業、就学を目的とする韓国人に変わったのである。

旅程のはじめは安さんの故郷である牡丹江であった。街には韓国ドラマの流行の影響で「大長今」という名の食堂もあった。ハルピンでは、規模はまだ小さいが、コリアタウンがあり、朝鮮民族芸術館では、韓人博物館を作る計画があると聞いた。黒竜江新聞社に行くと、中国朝鮮族と韓国人を対象に六万五〇〇〇部の週刊紙を発行しているという。瀋陽では、朝鮮族学校を訪問。翌日は、在瀋陽韓国人会、総領事館を訪問し、資料を収集した。十年近くぶりに瀋陽を訪れたが、韓国資本の高層マンションが建てられるなど、韓国企業の進出が顕著であった。

北京空港に戻り、市内に入る高速道路を走っていると、右手に巨大ビル群が見える。ここは望京新城とよばれる新興都市である。人口十五万人で、韓国人と朝鮮族がその八十〜九十パーセントを占めるといわれている。この地区には、平壌で外交の場として国際的に著名な店とされている冷麺の店、平城玉流館第一分店を名乗る「玉流宮」があり、韓国人客を対象に外貨獲得をしていた。

ここではソウルの友人の友人を介して在中国韓人会事務総長にも会った。翌日から「全中韓人会議」があり、忙しいなか対応してくれた。中国に居住する韓国人は、東北地区に十万人、北京に二十万人、上海に十万人、香港に十万人、台北に十万人おり、その経済交流、人的交流は、一九八八年から民間次元では「韓人会」、企業は「商工会」を組織して進められてきている、という話であった。韓国人の中国への投資は熾烈を極めており、なかには韓国人同士でもだましあいがあるといい、私たちを案内してくれた友人は「ここにいるエライ人は、みんなサギですよ」とボソッと私につぶやいた。

北京には望京新城の他に、韓国人や朝鮮族が集住するところがもう一つある。五道口である。ここは北京でも大学が集中しているところで、主に韓国の留学生たちが居住していた。

北京での調査が終わった後、私は韓さんと天津に行き、韓さんの子どもの頃からの友人に会った。一人は日本の銀行、一人は韓国の銀行の天津支店の副行長であった。教育熱心な朝鮮族のなかには、社会的な成功者としての道を歩んでいるものも少なくないことは知っていたが、彼らはその見本のような若者であった。

二回目は、二〇一一年三月に安さんの勤める浙江大学のある杭州に行った。すでに北京での不動産投機は下火になり、韓国人は中国南部に進出していると聞いていたからである。

私が杭州に行く前に、安さんの案内で岡田さんと高正子さんに杭州空港からバスで約二時間内陸へ入った義烏市での調査に行ってもらった。高さんは、在日コリアン二世で、これまで韓国の芸能について研究してきたが、海外での韓国芸能にも関心があり、私たちのメンバーに加わってもらっていた。義烏の韓人会・商工会の事務局長と韓国教会の牧師に対象に調査をした高さんの報告の一部を要約しておく。

鳥の毛を持って飴と換え、飴を行商として生活していたことから、古くから鶏毛換飴と言い伝えられ、これといって産業がなかった義烏市は、どこもかしこも建設ラッシュが進んでいた。まるで、七〇年代の韓国のようだった。一九九七年から義烏に韓国人が進出しはじめ、二〇〇三年に、韓国人の親睦団体である韓人会が創設された。現在は、約六千人の韓国人が居住している。そのなかで、約四千人が定住していて、そのほとんどが韓国に家族を置いて単身赴任する男性である。

現在の義烏市はアクセサリーやスカーフなどの小物雑貨商品の生産地として有名である。韓国への輸出が六十パーセントで、第三国への輸出としては南米・北米・日本・ヨーロッパ、アラブ諸国、東南アジアなどの韓国人バイヤーがいる地域である。有名なのは日本のダイソーや韓国ダイソーへの納品などであり、典型的な流通の街として一日千個のコンテナが送りだされている。

義烏では流通業が主なので、元手があまり要らない。そのため、早期退職した韓国人が個人でやってくる。事務所を借り、事務員と通訳を兼務する朝鮮族を雇い、パソコン一台から始められるからだ。なによりも、バイヤーがしっかりしていると有利になる（姻戚関係だと関係が強い）。工場に受注し、手付金として三十パーセント支払い、納期に商品代金を支払うという方法で比較的リスクが少なく、だれでも始められる。ある意味、バイヤー次第で起業のチャンスが広がる地域である。

韓国人の進出にともない、朝鮮族も移動してきた。韓国の企業が青島から撤収しており、多くの朝鮮族が義烏に移住し、三万人近くいるのではないか。また、韓国人に雇われていた朝鮮族のなかには、その間にバイヤーと知り合い商売の方法を学び、起業する人たちがでてきたという。

私は、安さん、岡田さん、高さんと杭州市で合流して、韓人会に行き、韓人会長と事務局長に会った。一九六一年生まれで、十二年前に韓国の大企業から派遣で杭州に来たが、今は独立し経営管理の仕事をしており、中学生の子どもがいるため家族は上海に住んでいるという会長から、杭州の韓人会の概要、韓国企業の動勢などの話を聞いた。また、会長が韓国レストランも経営しているというので、杭州における韓国レストランの状況についての話になると、後日そのレストランに招待してくれたうえ、そこで駐上海総領事館の警察担当の領事を紹介してくれた。

三回目は、韓国人が雲南省に進出しているという話をよく聞いていたので、二〇一三年一月にその省都である昆明に行った。韓国人と同じく、私たちも仁川空港から向かった。冬の昆明は韓国からのゴルフ客が多いと聞いた。

韓国人向けの情報誌「雲南コリア」を編集している女性に会った。彼女はソウルの出身で、夫が歯科医として中国の病院で働いている。二〇〇五年に昆明に来て、韓国学校に通う娘三人と夫の世話をしつつ、二〇〇七年から二ヶ月に一回刊行するタブロイド版十二面の情報誌の編集に携わっている。

彼女の話では、昆明には一九九九年頃から韓国人が進出し始め、一時は三千人近くになったが、二・三年前から減少し、現在は留学生を含め一五〇〇人くらいが居住している。彼女たち夫婦もそうであるが、韓国キリスト教の宣教を目的として来た人が多いが、近年は中国での生活費が高騰し、昆明のある雲南省は国境近くにあるので、東南アジア進出への基地となっているという。

## 韓国社会での中国朝鮮族

韓国社会では、中国朝鮮族だけでなく、中央アジアの同胞や、ベトナム、モンゴルなどから来た女性と韓国人男性の結婚が増え、「多文化家族」という言葉が生まれている。韓国では、農村において結婚できない未婚男性が増え、海外からの女性と結婚することで、むしろ都市よりも農村での方が「実質的な」国際化が進んでいるという人もいる。

私は、二〇〇五年にソウルから帰る飛行機の中で、農村の婚期を過ぎた素朴な未婚男性が、ウズベキスタンに結婚遠征に行き、真の愛と結婚の意味を解きほぐす、「私の結婚遠征記」という映画を見た。それは、ほのぼのとしたタッチで描かれ、ハッピーエンドになっていた。

一方、二〇一〇年にソウルに行ったときに見た、中国朝鮮族を描いたサスペンス映画「黄海」は、「朝鮮族自治州でタクシー運転手を営むグナムは借金の取り立てに追われ、韓国に出稼ぎに行った妻とは音信が途絶えていた。借金を返そうと賭博に手を出し逃げ場を失ったグナムに、殺人請負業者ミョンは韓国に行ってある人間を殺したら借金を帳消しにすると持ちかける。グナムは苦悩の末、借金を返すため、そして妻に会いたい一心で密航船に乗り、黄海を渡る…。」というストーリーであった。それは韓国人の中国朝鮮族に対するイメージを想起させるものであった。

さらに、この映画の後、テレビ番組で作られた同名のコーナーについて、二〇一三年の『朝鮮日報』に、次のようなことが起こっているという記事がでた。韓国社会における中国朝鮮族の現況もよくわかるので、少し長いが引用してみる。

最近、中国・北京に進出している韓国企業で働く知人と電話で話したところ「会社では一日中、顔を上げることができない」とのことだった。KBSテレビの番組「ギャグコンサート」の新コーナー「黄海」のせいだ。同コーナーは振り込め詐欺を主導する中国朝鮮族をギャグのネタにした。無作為に電話をかけ、銀行員や病院職員を名乗ったものの、特有のアクセントのため失敗に終わる朝鮮族の様子を面白おかしく取り上げたのだ。（中略）

「黄海」が放送開始から二週間にして、コーナー別の視聴率で一位を記録し、韓国人たちの間で人気が高まっている一方、中国朝鮮族は屈辱に震えた。朝鮮族の人たちが多く働いている韓国の職場でも、同じようなムードに包まれているという。朝鮮族の社員が勤務する会社で「ギャグコンサート」や「黄海」は禁句となり、また朝鮮族の家政婦を雇っている家ではテレビをつけられないという話も出ている。インターネット上の朝鮮族によるコミュニティーサイト「集まろう」では、集団で抗議すべきだという動きも見られる。中国で住民登録されている朝鮮族の人口は一八三万人に上る。また、韓国政府が朝鮮族の就業の機会を増やしているため、韓国には昨年末現在で四十七万人の朝鮮族が暮らしている。

韓国社会のあちこちで、韓国人と朝鮮族は共存している。それにもかかわらず、朝鮮族が何か事件を起こせば、朝鮮族全体に対するイメージが悪化する。昨年四月、京畿道水原市で二十代の女性を拉致し惨殺した「呉元春事件」がその代表的な例だ。これに外国人嫌悪（ゼノフォビア）までが加わることで、韓国人の朝鮮族に対する視線は冷たくなり、また物笑いの種にする状況に陥った。しかし、朝鮮族に「哀歓」はないのだろうか。「コリアン・ドリーム」を追い求め、各地を転々としながら家政婦をしたり、建設現場で働いたり、韓国の若者たちが去ってしまった農村で田畑を耕したりする中で、悲壮な思いを感じるのではないか。

ソウル市九老区や京畿道水原市の周辺に密集する貸し部屋に、四・五人ほどの人たちが一緒に住み、がむしゃらに働いて稼いだ金を、延辺に住む家族に送る生活を続けていれば、涙が出ることもあるだろう。韓国であれ中国であれ、朝鮮族の人たちも休日には韓国のドラマやバラエティー番組を見る。「黄海」を見た朝鮮族は「お前、韓国語さえちゃんと話せたら大金を稼げるのにというせりふを聞いて、それまで耐えてきた悲しみが一気に噴き出した」と話した。

中国でも韓国でも、朝鮮族は「乙」の存在だ。中国では漢民族に支配され、韓国では韓国人にもまれて生きている。一部の朝鮮族が韓国人を対象に、韓国内外で起こしている事件は、非難されて当然だ。不特定多数の人を狙う振り込め詐欺も、当然ながら根を断つべき犯罪だ。しかしだからといって、朝鮮族全体を蔑視していいはずがない。「単なるコメディーにすぎない」と言い訳するのではなく、別の答えを導き出すべきだろう。

この記事から、二〇一二年末現在、韓国には四十七万人の中国朝鮮族が居住しており、韓国社会は中国朝鮮族に対し、社会秩序を乱す存在としての警戒感を抱いていることがわかる。これは中国朝鮮族の立場からすれば、「ウリ同胞（我が同胞）」と呼ばれながらも、蔑視されているという見方になる。私はかつて中国に暮らす朝鮮族が韓国に抱く感情を「憧れと反感の交錯」と表したが、韓国国内に暮らす朝鮮族は「包摂と疎外の交錯」という感情を韓国社会に抱いているのではないだろうか。

### 韓国と中国

一九九二年の韓中国交樹立により、韓国、中国の両国において大きな変化が訪れた。なかでも中国朝鮮族の社会では、韓国への母国訪問に始まり、出稼ぎのため韓国に越境する人たちがでてきた。また、彼らの生活は、韓国文化と接触することにより、消費文化に傾斜しはじめた。そして、韓国人が中国に大挙して越境してくることにより、都市へ移住する人が増えてきた。九〇年代後半に、私が中国東北部を訪れた時も、すでにその兆候はみられたが、二〇〇五年に再訪すると、その動きはさらに加速化していた。ことに韓国企業が中国南部に進出するのにともない、朝鮮族も東北部にあった農地を捨て、南部の都市に移住し、工場労働やサービス産業に従事するようになっていった。私は、二〇〇五年の牡丹江からはじまって中国韓人の追っかけをしてみたが、わずか数年の間に、彼らの拠点が東北部から南部に移動し、すでに東南アジアにまで拡散していた。中国朝鮮族もそれとともに移動していることがわかってきた。

一方、韓国社会においても、中国朝鮮族の移住により、その労働環境・作業内容が「きつい、汚い、危険」な3K職場での中国朝鮮族の就労、農村の高齢未婚者と中国朝鮮族の女性との結婚などにより、さまざまな社会問題が起こっている。

韓国と中国の関係については、私たちは新聞紙上やテレビなどのマスコミを通して、その政治・経済的な関係については知ることができるが、その一方で社会・文化的な関係についても知らなければならない。ここで述べた中国朝鮮族、中国韓人のみならず、韓国における華僑といった存在にも注視していかなければならないだろう。今後の北東アジアの研究にとっては、こうしたさまざまな人びとが織りなす位相を解析していかなければならないと考える。

# 第五章　アメリカ合衆国およびその他の地域での調査

## 1　ワシントンDCのコリアン

### ワシントンDCに

私は二〇〇〇年に「アメリカ合衆国における韓国文化とその表象に関する人類学的研究」という研究題目で文部省在外研究員としての海外調査を申請した。受け入れ機関は、ワシントンDCのスミソニアン自然史博物館とし、ソウル大学の全京秀教授の紹介で趙昌洙先生に連絡をさしあげた。趙先生は、一九二五年に生まれ、四六年にアメリカに留学、六五年からスミソニアン自然博物館のキューレーターとして、合衆国内の韓国文化財の回収や活用に活躍されていた。私がお目にかかったのは、先生が七十五歳の時であったが、はつらつとしておられ、私をあたたかく迎え入れてくださった。当時のスミソニアン自然史博物館での韓国文化は、日本、中国の文化とともに東洋館に展示されていた。その後、先生は二〇〇七年に韓国室の設置を主導され、二〇〇九年に亡くなられた。

ワシントンDCには、二〇〇〇年十一月一日から十ヶ月の滞在予定であり、家族を連れて行くということから、安全性を考えて住まいを捜さなければならなかった。ちょうど妻の友人の「ヒロや

写真31（右）　趙昌洙先生とポール・テーラー博士。
写真32（左）　サンクスギビングデーに趙昌洙先生のホームパーティーに招いていただいた妻と５歳になったばかりの息子と私。

ん」が、共同通信社のワシントン支局に勤めるご主人の「ムッちゃん」と住んでいるアパートに空き室があると教えてくれた。そこで早速に、その部屋をおさえてくれるようにお願いした。

そのアパートは、ワシントンＤＣの地下鉄のオレンジラインのコートハウス駅近くにあった。ワシントンＤＣは、地下鉄が整備されており、車の運転免許をもたない私にとってはとても助かった。

アパートに行くと、一階に日用品やコーヒーを売るコンビニエンスストアと洗濯店があった。話を聞くと、どちらも主人が韓国人であった。周辺を探索してみると、駅の近くにある日本料理店、デリカテッセン、コンビニエンスストア、またアパートの近くにあるコンビニエンスストア、理髪店もすべて韓国人が経営していた。

ワシントンDCに暮らしてみると、日本人とはほとんど会わなかった。日本人は自宅と職場を自家用車で通い、互いの連絡は電話やインターネットを通しているのだろうと推測した。街で会うのは、韓国人であった。彼らは、日本人なのに韓国語ができるのかと、私を歓迎してくれた。

私はワシントンDCのコリアン・アメリカンの暮らしに関心をもった。ワシントンDCには、隣接するバージニア州やメリーランド州とあわせて約十万人の韓国人が居住しており、この地域の周縁部にある地下鉄の駅をつなぐ環状道路に韓国人経営の大型スーパーマーケットが点在していた。また、フロリダマーケットと呼ばれる青果市場に入っている店や、東南部の黒人居住区のコンビニエンスストアも韓国人が経営していた。

## コリアン・アメリカン

合衆国への韓国人移民の歴史は、一九〇三年のハワイ移民に始まるが、その後の本土への移民は三期に分けられる。第一期は一九四五年～六五年までの留学・国際結婚・養子縁組などによる移民、第二期は六五年の新移民法による招請移民と専門技術職移民、第三期は七六年の改正移民法による招請移民の増加である。人生の成功を夢見て、現在も「早期留学」、「頭脳流出」といった問題が韓国国内で提起されるほど、合衆国への移民は増加しており、二百万人以上の韓国人が移住したロスアンジェルス、ニューヨーク、シカゴなどには、大きなコリアタウンが形成されている。

日本での在米コリアンへの関心は、八〇年代に生まれたといってよいだろう。文芸・映画評論家の四方田犬彦が、一九八七年から一年間ニューヨークに滞在し、そこで多くのアジア系の人びとと出会った体験を綴った三十二編のエッセイを収録した『ストレンジャー・ザン・ニューヨーク』（一九八九年）がある。それらの人びとのなかに韓国人も描写されているが、そのなかに日本人の四方田が韓国人と見間違えられ、ハーレムで黒人にヨボセヨ（もしもし）と声をかけられる話がある。かつては韓国人が日本人と間違えられたであろうに、八〇年代にはアメリカ合衆国での認識は逆転していたのである。

まさに七〇年代から八〇年代にかけては、韓国からの合衆国への移民が飛躍的に増加した時代であった。産業化の進展が大きな貧富の格差を生み、軍事政権が続く母国での生活に希望を失った人たちが、大挙して「アメリカン・ドリーム」を思い描きながら太平洋を越えていった。そして、その夢は実現することのない、ただの夢でしかないことを描いた映画、裵昶浩の『ディープ・ブルー・ナイト』が一九八五年に封切られた。この頃、日本でもようやく韓国映画の紹介が始まり、この年東京で開催されたアジア太平洋映画祭で、この作品はグランプリを獲得した。こうした本や映画をみた日本人は、合衆国に韓国人が多く移民していることを知ったのである。

しかし、より衝撃的に在米コリアンの存在を認識したのは、一九九二年のロス暴動である。この暴動がコリアタウンに及んだことが新聞やテレビを通して報じられた。この事件をきっかけとして、高賛侑が『アメリカ・コリアタウン—マイノリティの中の在米コリアン』（一九九三年）というルポルタージュを著している。

しかし、その関心は在米コリアンそのものというよりは、多民族社会としてのアメリカ合衆国にあった。文化人類学においても、在米コリアンはアメリカ合衆国における民族集団研究の一部として初めはとりあげられた。一九八二年刊行の綾部恒雄編『アメリカ民族文化の研究』に丸山孝一が「日系及び韓国系移民社会における文化の持続性と変容過程―シカゴ地区における事例研究」という論文で、一九九二年に刊行の綾部恒雄編『アメリカの民族』に竹沢泰子が「太平洋に架ける橋―日本・中国・韓国系文化」と題して、それぞれアメリカ合衆国研究の図書のなかで在米コリアンについて紹介している。

在米コリアン自体を研究テーマとしてとりあげたのは原尻英樹であり、『コリアタウンの民族誌：ハワイ・LA・生野』（二〇〇〇年）、「ハワイのコリアン―李承晩から戦略的適応の過程」『ハワイ研究への招待』（二〇〇四年）といった著書・論文がある。

「韓人録」

車の運転免許をもたない私の家族は、二週間に一度の週末にムッちゃんの運転する車で、大型スーパーマーケットに買い出しに連れて行ってもらった。その店はハナルムという韓国語の名前がついていた。店に行くと、韓国食材、日本食材がおいてあった。

店の前には、「週刊ワシントン（The Korean Weekly）」、「ワシントンサンデータイムス（The Washington Sunday Times)」や、「韓国日報」、「朝鮮日報」といった韓国新聞のワシントン支社による新聞など、いくつものハングルで書かれた新聞が置かれていた。私にとっては、ワシントン地域における韓国情報を得るには欠かせないものになり、スーパーマーケットに行くと、必ずこれをもらってくるようにした。

また、ある日、店内に入ると表紙に「ワシントン韓人録2000」とハングルで書かれた厚さ三センチほどの本が置かれていた。店の人に尋ねると、いらないから持って行っていいと言ってくれた。それは、ここで暮らすコリアンのための生活情報誌だった。

なかを開けると、まず機関・団体および教会の名簿が掲載されていた。機関・団体（九～十四頁）には、官公署、韓人会、奉仕機関、文化団体、実業人団体、一般団体、郷友会、体育団体、宗教団体、神学校があげられていた。実業人団体には、「洗濯協会」「食品協会」「酒類協会」「美容材料協会」「薬師総連合会」「韓方医療院協会」「ビデオ協会」「建築家協会」「花屋協会」「旅行社協会」「自動車技術人協会」などの名があり、これらの業界に韓国人が多く進出していることが分かった。教会名簿（十五～四十三頁）には、カソリック、プロテスタント、その他の教会があるが、プロテスタントが圧倒的に多い。合衆国に渡った移民が真っ先に困る英語の学習と仕事の斡旋をしてくれるのが教会である。

「韓人録」の大部分の頁を占めるのが、業者住所録と広告（四十五～五〇二頁）である。ここには韓国にあるものならないものはないと言っても過言ではないほど、韓国で暮らすのと同じ生活ができきるだけの業種が載せられていた。そして、個人名簿（五〇三～六九八頁）が続き、最後に生活案内（六九九～七三四頁）がある。生活案内には、愛国歌、米国国歌、市民権予想問題集、メリーランド交通法規筆記試験問題、ワシントン地域主要ショッピングセンター、ワシントン地域病院、ワシントン地域ゴルフ場、ワシントン地域電鉄路線、ワシントン地域地図、医療英語ハングル翻訳、度量衡換算表、韓国への国際電話が掲載されていた。

最後に広告があるが、ここには韓国人弁護士のみならず韓国人通訳のいるアメリカ人弁護士事務所が多く掲載されており、移民法、交通事故をはじめ移民者にとっては合衆国での生活で弁護士に依存することが多いことがうかがえる。

この広告のなかにある「韓人録」の出版社の広告文には「一九七九年以来、韓人録は二十年間僑胞社会とともに成長してきたワシントンとボルチモア地域を含む伝統ある韓人社会の道しるべです」と書かれていた。また、一九七二年からという不動産会社、一九七二年からという合同公認会計事務室、一九七三年からという韓医院の広告もあり、この地域にコリアンが集住しはじめたのが、七〇年代であることがわかる。私は、「韓人録」を創刊号から入手したいと思ったが、あいにくバックナンバーは見つけ出せなかった。

### アナンデール通い

ヒロやんが二〇〇〇年九月二十日の「ワシントンポスト」のＦｏｏｄという特集を取っておいて

The Washington Post
Food
OPENING THE DOOR TO
Koreatown
From Kimchi to Karaoke, 28 Great Reasons to Head to Annandale

写真33　ワシントンポスト紙のFood特集。

くれた。そこには「コリアタウンのドアを開く」という見出しで、コリアタウンの特集記事が載っていた。「二〇〇〇年七月現在、ワシントン地区に九万八〇〇〇人のコリアンがおり、その半数以上が北部バージニアに住んでいる。そして、フェアファックスカウンティの北東に位置するアナンデールのコミュニティに一九八八年に初の韓国料理店が生まれ、一九九六年には九つ、現在は二十二の韓国レストランがある」と書かれていた。このほか分布地図には、韓国人の経営するベーカリー四軒、スーパーマーケット二軒が記載されていた。

私はその新聞記事をもって、アナンデールに行ってみた。アパートから地下鉄に乗ってペンタゴン駅に行き、そこからバスに乗り換え、三十分ほど乗るとアナンデールについた。そこはルート236に沿って、およそ五キロの区間にあり、コリアタウンといっても、店が散在しているだけで、街の体をなしているようには見えなかった。

それから週に一度くらいずつ、アナンデールを探索することにした。趙先生に、アナンデールに通う旨を伝えると、アナンデールで韓医院を開業する咸院長を紹介してくださった。しかし、他に知人がいるわけでもなく、私はひたすらアナンデール一帯を歩き回った。

何の気がねもなく入れるのは、料理店だった。アナンデールで最初にできた韓国料理店の「カボジャ」は、初代の店長は二年前に他業種に転業し、二代目の主人であった。韓国式のメウンタン（辛いスープ）が自慢という。それを頼むと、「ワシントンポスト」ではLittle Bowlsといって紹介しているミッパンチャン（キムチやナムルなどの総菜）が韓国と同じように数種類出てきた。韓国料理とともに寿司がメニューに入っているジンソン・ガーデンやイチバン、自家製の豆腐を売りにしたトダムコルなどで、アナンデールに行くたびに調査を口実にしてお昼ご飯には韓国料理を楽しんだ。

こうした料理店のメニューを見ると、部隊チゲやタッカルビなど、ソウルで流行っている料理が、そのまますぐに入ってきていた。ノレバン（カラオケ）、タング（ビリヤード）、トックチプ（餅屋）、マナバン（漫画書店）、バンアカン（精米・製粉所）といった韓国でおなじみの看板を見ると、なぜか韓国での生活を思い出し、妙になつかしかった。

アナンデールでは時折、コリアンのための行事があった。AM1310というコリアン向けのラジオ局が主催で、十一月二十五、二十六日には消防署のビンゴホールで、「二〇〇〇年冬を迎えて ラジオ市場」が開催された。アナンデール韓人商人連合会が後援し、自動車会社と旅行社が協賛していた。また、二〇〇一年一月二十七日には、同ラジオ局主催で、ロッテ・スーパーマーケットで「旧正月トッククク（お雑煮）祭り」が開催された。会場に用意された一五〇席は、ほぼ満席で、高齢

写真34　旧正月トックク（お雑煮）祭り

者がたくさん来ていた。なかには韓服を着たハルモニもいた。

私は、そうした行事に顔を出し、そこで何人かの高齢者に、アメリカ合衆国に渡ってきたいきさつを訪ねたが、こうした行事に集まる高齢者の多くは七〇年代に来た人であり、その「身世打令（身の上話）」を聞くには腰をすえて聞き取りをしなければならないと感じた。通いの身では、なかなかゆっくりとした時間がとれず、その意味では、アナンデールに住み込んでいたらと悔やまれた。

## アパートの鄭さん

私は誰かコリアンの暮らしについて集中的に教えてくれる人がいないかと考えていた。そんななかで、私たちが毎日訪れるアパートの一階にあるコーヒーや日用品を売るコンビニエンス

写真35　アパートの１階にあるコンビニストアのご主人の鄭さんご夫妻（中央）。レジにはモンゴルからの留学生（左）がアルバイトで働いている。

ストアのご主人と奥さんと親しくなってきた。お二人は、私たちが買い物に行くと、なにかと声をかけてくれ、幼い息子にはキャンディーやチョコレートをくれた。ご主人の名前は鄭さんといった。

私はコリアンの多くが従事するコンビニエンスストアの仕事について、話をきかせてもらいたいと思った。しかし、店の営業時間は、朝六時から夜十時まであり、アルバイトを雇っているとはいえ、彼は奥さんと二人でメリーランドの自宅から車で通ってくるため、昼に店で仮眠をとるという生活である。ゆっくりと話し込むだけの時間はとれそうになかった。

ある日、なにげなく鄭さんと互いの家族のことを話した。彼の家族は、父も祖父も校長であり、母方も教育に熱心な家庭で育ったという。私の父も祖父も校長経験者であり、共通点が多かった。それをきっかけに、いろんな話をするようになった。私は、鄭さんのライフヒストリーを聞かせてほしいと、腹を割って頼んでみた。鄭さんは困った顔をしたが、「空いた時間なら」と承諾してくれた。私は時折、店の片隅でコーヒーを飲みながら、鄭さんの空いた時間を見計らっては、少しずつ話を聞くことにした。

鄭さんは一九四八年生まれで、私より二歳年上だった。全州で大学を出て、高校の数学教師をしていたが、兄が七四年に合衆国に渡っていたこともあり、七六年五月に結婚をした後、十月に二百ドルをもって、まず単身で渡り、十一月に妊娠中の奥さんを呼びよせたといった。

身重の奥さんと合衆国に来たものの、病院に行くにも保険がない。そこで鄭さんは米軍に入隊すれば百パーセント生活がカバーできると考え、七七年二月に入隊した。ニュージャージーで基礎訓練を受け、その後、衛生兵としての訓練を受けた。軍隊での生活は、合衆国に渡った韓国人がぶちあたる二つの壁である英語と市民権の問題を乗り越えるのにはよかったとふりかえった。

七七年に無事に長女が産まれ、七九年には長男も産まれた。そして、七九年から八三年には、ソウルの龍山にある米八軍の病院で勤務するため韓国に戻り、八三年に再び合衆国に来て、八四年に除隊した。そして八五年から九二年まで、ＮＩＨ（アメリカ国立衛生研究所）に勤めながら、副業をして金を貯めたという。さらに九二年から国家公務員として七年間働き、二〇〇〇年四月から、この店を経営しはじめた。長男と長女は大学に通っているという。

韓国から米国に渡った時の家族との軋轢にはじまり、長女と長男を育てるための苦労、公務員時代の黒人との葛藤、副業でどのようにしてお金を貯めたのか、店経営のむずかしさなど、ふつうでは話しにくいことも、鄭さんはつつみかくさず私に話してくれた。しかし、途中でお客が来ると中断し、また日を変えて聞く時には、どこから話を切り出して良いのかわからず、彼の合衆国に渡ってからの四半世紀にわたる歴史のすべてを体系的に整理して聞くのはむずかしかった。

忙しいなかで話をうかがうには、鄭さんにも関心のある話題を出さねばと私は考え、コリアン向けの新聞で見つけた話題をときどきぶつけてみた。

十二月九日には、ワシントンでパティ・キムの「四十周年ワシントン招待型コンサート」が開かれた。パティ・キムは一九五九年にデビューし、「ソウル賛歌」や「離別」など日本でも知られるヒット曲がある歌手である。私が「ワシントンで最大の三六〇〇席の会場が、ほぼ満席であった」と報告すると、鄭さんは、「それはみんなタダ券だからだよ」と答えた。私もチケットをもらっていったのだが、チケットは主催者から有力者にまわり、その関係者へ配られるというコリアン社会のネットワークについて説明してくれた。

また、十二月十六日には北バージニアの韓人会の会長選挙があった。鄭さんは、韓人会に対しても「彼らは既得権をつくりだし、それにあぐらをかいている」と怒りをこめて切り捨てた。鄭さんはキリスト教会にも通わず、韓人会にも加入しない自身を、へそまがりを意味する「チョンケグリ（青ガエル）」と称しながら、合衆国のコリアン社会を批判的に捉えていた。そして、それは「韓国社会の悪弊から抜け出せずにいるからなんだ」と論評した。

鄭さんからは、現在の生活についてもいろいろと話を聞かせていただいた。言葉の端々から、やるせなさやいきどおりを感じられたが、韓国から合衆国に移民したことについての後悔はまったく感じられなかった。

### アンケート調査

ワシントンDCでの生活にも慣れてきたところ、二〇〇二年ワールドカップ・サッカー日韓共同開催にあわせて、民博でも韓国文化の特別展を開催してはどうかと民博の先輩から連絡が入った。私は先輩からのせっかくの勧めでもあり、韓国文化の紹介にとってもよい機会であると判断した。そこで、年度末の三月までワシントンDCに滞在し、新しい年度がはじまったら、特別展の準備をすることにした。

さて、いざ帰る日程が決まると、せっかく在米コリアンについて調べ始めたことが、中途半端なものになってしまうと考え、少なくともこれまで出会ってきた在米コリアンからうかがった話について、自分なりに相対化したいと考えた。ことに鄭さん一人の事例がすべてではないので、できるだけ多くの人たちの実態を知りたいと考え、簡単なアンケート調査をすることにした。

趙先生と相談し、簡単な設問を作り、それを趙先生の知り合い、アパートの鄭さん、洗濯店の李さん、アナンデールの漢医院の咸院長などに頼んで、アンケート用紙を配布してもらった。アンケート調査は、本来は無作為に抽出するものであり、どのように配布するか悩んだ。結局は知り合

表5　アンケート結果

| 年齢 | 10代 | 20代 | 30代 | 40代 | 50代 | 60代 | 70代 | 無記名 |
|---|---|---|---|---|---|---|---|---|
| | 1 | 7 | 23 | 32 | 33 | 10 | 4 | 1 |

| 市民権の有無 | あり | 永住権あり | なし | 無記名 |
|---|---|---|---|---|
| | 55 | 31 | 23 | 2 |

| 職業 | 自営業 | 会社員 | 主婦 | 学生 | 無職 | その他 | 無記名 |
|---|---|---|---|---|---|---|---|
| | 44 | 21 | 19 | 8 | 6 | 7 | 6 |

| 出身地 | ソウル | 北朝鮮 | 韓国各地 | 無記名 | 米国 |
|---|---|---|---|---|---|
| | 50 | 3※ | 49 | 7 | 2※ |
| | | ※75、68、63歳の3名 | | | ※16、29歳の2名 |

| 移住した年齢 | 10歳以下 | 10代 | 20代 | 30代 | 40代 | 50代 | 60代 |
|---|---|---|---|---|---|---|---|
| | 2 | 7 | 34 | 39 | 19 | 4 | 3 |

※家族とともに移住が76名、一人で移住は26名

いを通して依頼するしかなかったのだが、逆にそこから在米コリアンのネットワークを垣間見ることができた。アパートの鄭さんは、一日中、店で働き、韓人会にも参加していないので、個人的な在米コリアンの知人にアンケートを依頼してくれた。洗濯店の李さんは、教会に通っており、教会に行って配るからと数十枚のアンケートを引き受けてくれた。咸院長も患者のほとんどが在米コリアンであるためか、同じく多くの枚数を配布してくれた。おかげで回収率は高く、アンケートは、男性五十二名、女性五十九名の一一一枚回収された。回収されたアンケートを集計すると、結果は表5のようであった。

彼らの食生活について聞いてみた。合衆国で好きな食べ物では、男性はステーキが最も多く、女性はピザ、パスタといったイタリア

料理が多い。韓国の食べ物では、男女ともキムチチゲ、テンジャンチゲといった鍋物が多かった。キムチについては、漬けて食べるが五十八、買って食べるが四十六、食べない二、無回答三であった。今日の朝食に何を食べたかは、ご飯を中心とした韓国食が三十一であるのに対し、昨日の夕食に何を食べたかは、韓国食が八十九である。キムチは、自宅で漬けないまでも、食べる人が大部分であり、朝食は韓国においてもパンやコーヒーという人も多くなっていることを考えると、在米コリアンの食事は夕飯には韓国食を大部分の人が食べているということは、かなり保守的だといえよう。

これまで韓国に帰ったかは、帰ったことがないというのが十五であり、冠婚葬祭や知人訪問などで多くの人が韓国に帰った経験をもつ。しかし、死後、墓はどこにするかは、韓国と答えた人は二十九で、三分の二は米国と答えている。

韓国に対するイメージを「韓国文化というと何を思い浮かべますか?」と、三つの用語を書いてもらった。「キムチ」「韓服」や「儒教」「ハングル」といった韓国の伝統的な文化を示す用語をはじめ、肯定的なイメージをもつ人が多かったが、なかには「悪い政治」「悪い経済」「急げ急げ精神」「不作法」といった否定的なイメージを示す用語もいくつかでてきた。

「在米コリアン文化というと?」という問いに対しては、「教会」「韓人会」「子女教育」という用語が最も多く、次いで「韓人録」の実業人団体にあげられた職業に関連する用語も多かった。このほか「勤勉」「二世との対立」などからも、彼らの生活に対する自画像をみることができた。

ワシントンDCの街で出会ったコリアンの多くは、教育レベルは極めて高いが、語学のハンディを背負っているうえ、就職差別を受け、本国で身につけた教育・技術を合衆国で発揮することができずにいる。そのため得られる仕事が限られ、スモールビジネスの世界に追い立てられるが、彼らは次世代、すなわち子どもたちには高い教育を受けさせ、メインストリーム（上流社会）に入れるようにと、持ち前の勤勉さで長時間労働に耐えている、というのが、その生活であった。

ワシントンに滞在しながら、私は二〇〇二年に韓国国立民俗博物館と共同で開催する特別展「二〇〇二年ソウルスタイル—李さん一家の素顔のくらし」の準備をインターネットなどを通して進めたが、その本格的な段取りを進めるため、ワシントンDCの桜が咲く直前、三月三一日に五ヶ月の滞在を終えて帰国した。鄭さんからうかがったお話、アンケートの詳細な分析など、ワシントンDCで得られた情報を展示の準備にかまけてきちんと整理できなかったことは、協力していただいた皆さんに申し訳ないと思っている。

## 2　海外コリアンの研究に

### 第一回科研調査

アメリカ合衆国での経験から、私は海外コリアンの研究に関心を持った。そして二〇〇三年から四年間「グローバル化時代における海外コリアンのホスト社会への適応と戦略」というタイトルで科学研究費補助を申請した。

その申請書には「現在、海外コリアン、すなわち海外に居住する韓国人は、日本だけでなく中国、中央アジア、アメリカ合衆国、サハリンなど、五百万人を超える。グローバル化する世界状況と激動する朝鮮半島情勢の中、海外コリアンはその活動範囲を拡大しつつある。こうした状況において、海外コリアンは、それぞれのホスト社会への適応、あるいはそれにともなう葛藤のあり方において、これまでにないほど多様な現象を示している。従来の海外コリアン研究の多くは在日・在米コリアン研究をはじめとして豊かな研究の成果をもたらしてきた。しかし個別の海外コリアンとそのホスト社会の問題にのみ、その研究対象を定め、ホスト社会の個別の社会的・文化的な文脈の問題に視野を限定しがちな傾向があった。そのために今日のグローバル化する状況の中での多様な海外コリアンのホスト社会への適応と葛藤のあり方を比較するような基礎的な資料はいまだ十分とは言えない。本研究課題の目的は、まさに多様な海外コリアンのあり方を視野に収め、世界諸地域に居住する海外コリアンを比較する研究のための基礎的資料収集にある。そして、それらの資料を用いて、海外コリアンの問題をより一般的な移住、移動、多民族共生などの現代的諸問題に対してアプローチすることができるような理論的フレームを検討することを目的とする」と記した。

メンバーは、研究分担者として前出した岡田浩樹、韓景旭、島村恭則、林史樹になってもらい、安成浩、洪賢洙、高正子とともに、旧ソ連地域のコリアンを研究する李愛俐娥と、アメリカ合衆国でコリアンを調査している河上（小谷）幸子に研究協力者として加わってもらった。

申請が採択された二〇〇三年は、一九〇三年にプランテーション農業労働者として韓国人がハワイに渡って百周年にあたった。そこで私たちは二〇〇三年八月二十二日から二十八日までハワイのホノルルに行った。ホノルルの街には、韓国系の数は日系人と比べるとずっと少なく思えたが、ハングルの看板を捜して歩くと、かつては日本人が多くいたといわれるホノルルの本願寺付近は、コリアン・バーなどに席捲されており、韓国焼肉店には、なぜかハングルでヤキニクと書かれていた。

二〇〇四年には、四月十一日から二十一日までアメリカ合衆国に行き、ワシントンDC、ロスアンジェルス、サンフランシスコを回ってきた。ワシントンDCでは、スミソニアン自然史博物館の趙先生とアパートでお世話になった鄭さんにも会った。鄭さんは、その間こちらから手紙を出しても返事がないので心配していたが、かつてのアパートの店を訪ねると、そのまま店に立っておられた。会うなり、体調がすぐれず音信不通になったと詫びられ、三年ぶりの再会を喜んでくれた。

七〇年代に入って在米コリアンが急速に増加し、八一年に形成されたロスアンジェルスのコリアタウンは、オリンピック通りを中心に、東西約二キロ、南北約四キロほどの地域に位置していた。そこには、ハングルの看板が無数に掲げられていて、まるで韓国の地方都市の一つに来たような気分になった。ただ、このコリアタウンにある店は韓国人経営であるものの、従業員はヒスパニック系住民が多く、韓国人の居住地は「成功」の証として白人が居住するロスアンジェルス郊外やオリンジカウンティなどに移っていた。ロスアンジェルスには、二〇〇七年三月五日から十日にも再び訪れた。

サンフランシスコでは、日本街を拠点としてコリアンがいかなる生活を営んでいるかを調査している総合研究大学院大学の河上（小谷）さんに会い、コリアン老人会の見学などコリアンの多く住むオークランド地区を案内してもらった。

アメリカ合衆国以外でも、海外コリアンの調査を実施した。二〇〇五年一月三日から十五日まで、オーストラリアのシドニーに行った。シドニーには、電車で十分あまりの郊外に、英語を学ぶ韓国人学生や清掃業などを営む韓国人が多く住むコリアタウンが形成されつつあり、シドニーの中華街のなかにも韓国料理の店が多く進出しはじめていた。教会の牧師、韓人会の役員、韓国人向けの新聞を発行するジャーナリストなどにインタビューをした。また、二〇〇五年には、前章で記したように、中国調査も実施した。

この第一回科研調査の共同成果は、「特集　海外コリアンはどう暮らす」（『民博通信』[1]）と、『グローバル化と韓国社会―その内と外』（『国立民族学博物館調査報告』[2]）においてまとめた。後者のなかで、ワシントンDCの「韓人録」をきっかけとして、調査に行くと各地で収集した「韓人録」を分析し、そこから知りうることを整理するとともに、その地域的比較、年代的比較についての展望を試みたが[3]、私は「韓人録」をはじめとする生活情報誌に関心をもった。海外コリアンの調査をしていくと、どこにおいても「韓人会」が組織されているとともに、地域により名前は異なり頁数の多少もあるが、かならず「韓人録」のような生活情報誌が発行されていた。私は、どこの調査地に行っても、これらの生活情報誌を捜すようになった。

## 第二回科研調査

二〇〇九年から科学研究費の助成を受けて、「東アジアにおけるコリアン・ネットワークの人類学的研究」というプロジェクトを始めた。このプロジェクトでは「先行プロジェクトにより蓄積した基礎データと国際的な研究協力体制を活かし、第一に東アジアのコリアン・ネットワークに根差した生活文化を明らかにする。ここでは、本国のコリアンとの違いも焦点となる。その結果、第二にコリアン・ネットワークを形作る「適応―協同」の原理と、コリアン・ネットワークを取り巻く「包摂―排除」の原理を解明する。これらにより、ボーダーレス化する東アジアで、民族の適応と協同、包摂と排除の動きがどう働いているかに迫り、民族の混交という社会のリスクを透明化する一助としたい」ということを目的とした。研究分担者には、岡田、林、韓、島村が第一回から引き続きなり、新たに二〇〇七年十月から民博の助手として赴任した太田心平さんが加わった。

「先行プロジェクトにより蓄積した基礎データと国際的な研究協力体制を活かし」という目的にあるように、まずはこれまでの研究の成果をまとめるために、国際シンポジウムを開催する計画を立て、二〇一〇年十一月に、シンポジウムへの参加依頼を兼ねて、韓国とベトナムのホーチミンに行った。韓国では、人類学とはちがった立場でサハリン帰還者や脱北者の研究をされているソウル大学児童家庭学科の李順炯教授に会った。ホーチミンでは、前年に調査に行った林さんがお世話になった韓人会の李ヒスン事務局長に会った。

そして、二〇一〇年十二月二十六、二十七日に民博において国際シンポジウム「東アジアのコリアン・ネットワーク—その動向と実践」を開催した。はじめに私が趣旨説明を行い、韓国セッションは、太田心平が司会をし、韓国における海外コリアン研究の動向について、家政学の立場からソウル大学の李順炯教授が、人類学の立場から高正子が発表した。中国セッションは、韓景旭が司会をし、中国民族大学の朴承権准教授が中国朝鮮族のネットワーク構成形態について、吉林大学国際交流課職員の崔鮮花さんが韓国人留学生社会の事例について発表した。日本セッションは、岡田浩樹が司会をし、島村恭則が在日コリアンの動向と課題について、NGOコリアセンターの金光敏がコリアンコミュニティの役割について発表した。ロシア・サハリンのセッションは、李愛俐娥が司会し、サハリン大学で韓国語を教える韓国人の南惠瓊がサハリンの韓民族海外同胞の現状、サハリン韓人三世のイム・エルビラが永住帰国がサハリン韓人社会に及ぼした影響について発表した。最後のベトナム・豪州セッションは、河上（小谷）幸子と林史樹が司会をし、ホーチミン韓人会の李ヒスン事務局長がベトナムの韓国人移民の実態を、シドニー韓人会の趙ヤンフン事務局長がシドニー韓人社会のネットワークについて発表した。沿海州にあるアルチョム市の職員である全光根にも発表をお願いしたが、急遽都合で参加できなくなった。

## 韓国での出版

この時の発表をもとにして、二〇一三年に『韓民族海外同胞の現住所—当事者と日本の研究者の声』と題して韓国において出版した(4)。この本には、タイトルとの兼ね合いも有り、韓国人である李教授の発表は掲載しなかったが、その他すべての発表者はもちろん、司会を担当した人も、それぞれ論文を提出してくれただけでなく、安成浩さんが「中国朝鮮族の現況」、全光根さんが「ロシア高麗人の歴史と海外同胞」という一文を寄稿してくれた。

私はこの本の「はじめに」に、その出版理由について述べている。少し長いが日本語に訳して引用しておこう。

三十余年前に、韓国の一つの島から始まった私の韓国研究は、今は世界の各地に広がっている。どこに行っても、三十余年前に習った韓国語が役に立つのがうれしい。もっとも、現地の料理ではなく、韓国料理を食べることになるつらさもあるが。こうした話を日本人に話すと、ほとんどの人は世界の各地に韓国人がいることを知らずにいる。しかも、その数が七百万人にも及ぶことにおどろく。そして次に、なぜ日本人が海外のコリアンについて研究をするのかという問いが発せられる。そんな時、私は文化人類学における移民研究の一環という学術的な意味とともに、以下のように答えることにしている。

一つは、海外移民、海外居住という面で、日本と対比的な韓国を勉強することで、日本を考えることができるからである。現在の日本は、閉塞感、停滞感が漂い、海外に留学する学生も減少してきている。企業でも海外での駐在を嫌う社員が増えてきているという。こうした日本の若年層の「内向き志向」脱却のためには、韓国を見習わなければならないと思うのである。

また、日本では、かつてはハワイ、ブラジルなどへの移民があったが、それは過去完了形になっている。一方、韓国では現在進行形で移民が進んでいる。世界の各地に、チャイナタウンと並んで、コリアタウンが生まれてきている。サンフランシスコやロスアンジェルスのジャパンタウンは、今やコリアン・アメリカンに席巻されてきている。華僑と並んで、韓商が世界で活躍している。中国や韓国と日本はどうして違うのだろうか？　今年二〇一一年に亡くなったSF作家の小松左京は、一九七三年に刊行された代表作「日本沈没」において、「日本人は日本列島を離れて日本人たりうるか」という日本人論の課題を投げかけている。それは海外移民、海外居住という視点からの日本人論とも結びつくものであろう。

二つは、海外コリアンの存在は、決して日本とは無関係ではないということである。在日コリアンはいうまでもなく、中国朝鮮族、中央アジアの高麗人、そしてサハリンの韓国人など、ことに東アジアにおける海外コリアンは、日本の植民地期において移住した人びとが多い。いまでも日本語を覚えている人さえ少なくない。彼ら／彼女たちの人生において、日本とは何であったのか。私たち日本人は、日本の歴史を考えるうえで、それを知っておかなければならないと思うのである。

三つは、韓国人とは違った視線から、海外コリアンをみることができるからである。「訓手初段（岡目八目）」という言葉がある。囲碁や将棋で手を読んでいる本人より、横で見ているもののほうが、見通しもきき、良い手を思いつくということを意味する。また、海外コリアンである現地の声をどう聞くか、韓国人が聞くのではなく、第三者である日本人が尋ねることで、当事者である海外コリアンが聞いてほしい話も違ってくる可能性もある。この三つ目の理由が、なぜ日本人の研究を韓国で出版するのかという韓国の皆さんの疑問への答えにもなっていると思う。やや体系的な「岡目八目」理論の一種として、本書をお読みいただきたいと思う。

## 海外コリアンはディアスポラか?

あいにく私たちの本は日本語で刊行されていないが、二〇〇七年に日本で刊行された『ディアスポラとしてのコリアン—北米・東アジア・中央アジア』は、私たちの本と比較対照して読んでもらえたらという本である。もともとは二〇〇〇年から二〇〇一年にかけてKorean and Korean American Studies Bulletin（米国イースト・ロック研究所発行の学術誌）に掲載された論文を訳出したものである。執筆者の多くは、歴史学、言語学、文学、視野開学、政治学、エスニック・スタディーズなどのアメリカの学界における若手のホープと、海外コリアン研究の権威者である。

この本の監修者である高全惠星は、題名に「ディアスポラ」という語を用いている。序文では『「ディアスポラ』という用語は、ギリシャ語で「追い散らす、（種子を）ふりまく」という意味をもち、もともとバビロン捕囚（紀元前五八六年頃）の後、ユダヤ人がパレスチナの地から各地に離散し、定住したことを指すのに用いられた。そのため、現在でも、ディアスポラという語には、悲願が達成されないゆえの深い苦悩、迫害、非自発的な移動にともなう困難といった意味合いが含まれている。最近では、「ディアスポラ」が移民一般を指す語として用いられるようになってきた。この場合は、自発的、非自発的を問わず、祖国を離れて暮らす人びとである」とディアスポラを定義している。そして、この本においてディアスポラという語を用いることの意味として、「(a) すべてのディアスポラ共同体は互いに、また朝鮮半島のコリアンに対しても、平等な関係にある。そして (b) ディアスポラ共同体、祖国、ホスト社会は、相互に依存しあっている」と述べ、「在外コリアン」や「海外在住コリアン」といった表現では、コリア（朝鮮半島）の中心性が強調されると述べている。私たちの本も、韓国研究者の自己中心的な考えに対して一石を投じるものであり、この考えについては賛同する。

しかし、私たちは「自発的、非自発的を問わず」ではなく、現在進行形で増加する海外コリアンが自発的なのか、非自発的なのか、当事者の考えを知りたかった。たしかに、かつて朝鮮半島から日本、中国、中央アジアなどに移民した人びとは、非自発的な移動にともなう困難をかかえた、まさしくディアスポラであった。しかし、現代の韓国から移民していく人びとは、むしろ自発的に移民しているように思える。現代の韓国社会では、例えば一九九二年から「海外留学・移民博覧会」が開催されている。そして、毎年、人口の〇・三パーセント以上の人びとが、外国へと移民しているという。彼らは、はたしてディアスポラといえるのだろうか？

私たちの本は、そうした疑問に対して答えるために、学際的な研究者による理論的な研究というよりは、海外コリアンの実態を報告するものであり、人類学の基本にたって当事者の声を聞き、それを韓国の人たちに伝えたいというものであった。

## 海外コリアンと韓国社会

実は、高先生は民博の梅棹忠夫初代館長と親しく、私も高先生の主導する「東アジアの法と文化の比較プロジェクト」や「カルチャーウェア・プロジェクト」などに参加させていただき、とてもお世話になった。彼女には、すぐれた比較社会学者であるとともに、もう一つの顔がある。それは、彼女の六人の子ども全員が、ハーバード大学、イェール大学、マサチューセッツ工科大学ほか名門校を卒業し、アメリカの大学や公的機関で活躍しているということである。日本でも『ひとの役に立つ人間になりなさい。徳は才に勝る。―人生でもっとも大切な二つの訓え』（二〇〇七年）が出版されているが、韓国では『仕える父母が子女を大きな人に育てる―二十一世紀が要求するオーセンティクリーダーに育てる七つの徳目』（二〇〇六年）、『女子野望事典―野望を実現するオーセンティクリーダーシップの十段階』（二〇〇七年）、『エリートよりは人間になれ―六人の子どもを世界を動かすリーダーに育てた子女教育の秘訣』（二〇〇九年）などの本がある。これらの本はすべて、韓国の読者から絶大な支持を受けている。それは、自分の子どもが学習競争に負けたらどうしようかと恐怖心をもつ韓国社会の親たちにとって、救いの手となっているからである。韓国人が海外に移住する一つの要因として、韓国社会の教育問題が背景にあることが、ここからも見えてくる。少なくとも現在進行形で進む海外への移住は、現在の韓国社会が抱える問題が大きな要因になっているのである。

私は、シンポジウムの後も、前章で記したように、二〇一一年三月に中国の杭州、二〇一三年一月に昆明に行くとともに、二〇一一年十二月十五日から十九日には、ベトナムのホーチミンに調査に行った。この時、ホーチミンでは、韓人会事務局長の李ヒスンさんのおかげで、生活情報誌の発行人やカバン工場を経営する人などにインタビューをさせてもらうとともに、韓人会の会長選挙にも立ち合うことができた。

ホーチミンには、七万人のコリアンが居住し、なかにはさらなる金儲けのチャンスを求めて、カンボジア、ミャンマーへの移住を考えている人たちもいるという。一方、韓人会に所属し、ベトナムに定住する人も三五〇〇人ほどいる。海外コリアンにも二〇一二年の韓国大統領選挙への投票権が認められたためか、韓人会の会長選挙には現職の会長を含め四人が立候補し、熾烈な選挙戦を展開していた。会長職は、いわば名誉職であるが、立候補者は相当な選挙資金を投じているようであった。それぞれのもつネットワークを総動員し、選挙権をもつ人たちを投票所までバスで運ぶということまでしていた。投票総数は一七一六票、うち六七〇票余りを得た新人候補が当選した。詳しいことは省くが、私にはかつて都草島で観察した選挙と同じような構造があるように見えた。

こうした中国やベトナムの海外コリアン調査からわかったのは、その移動の拡散と、その背景にある韓国社会との繋がりであった。私にとっての海外コリアンの研究は、あくまで韓国社会の研究における大きな命題の一つである。今後も、内と外から韓国社会を観察していきたいと考えている。

# 第六章　サハリンでの調査

## 1　サハリン韓人の食生活

### サハリンへの道

サハリン、かつては樺太とよばれたこの地に、多くの朝鮮半島出身者が住んでいることを日本人はあまり知らないのではないだろうか。

一九八一年に三田英彬により『捨てられた四万三千人―樺太朝鮮人の長く苦しい帰還の道』という本が出された。日本の領治下にあっては樺太とよばれたサハリンには、戦後、日本政府は日本人の引き揚げに腐心したものの、韓国人については一顧だにせず、現地に置き去りにしたため、四万人余の朝鮮人が残されたというのだ。このサハリン残留朝鮮人問題については、七〇年代半ばに、『朝鮮人強制連行共同労働の記録』がまとめられてから、ポツリポツリと告発のレポートが書かれるようになったが、おおかたの日本人は、その存在についてほとんど知らずにいた。

そうしたサハリンに住む韓国人の状況を日本人に知らせたのが、サハリン生まれの在日韓国人作家である李恢成であった。一九七二年に『砧をうつ女』で在日の外国人として初めて芥川賞を受賞した李恢成は、八一年に日本社会党北海道本部主催の第十二次サハリン墓参団の宗谷丸に同乗してサハリンを訪問した。その思いと歴史の事実を綴ったのが『サハリンへの旅』（一九八三年）である。

その後、サハリン残留朝鮮人問題については、彼らの帰還運動に携わってきた国際法学者の大沼保昭が、この帰還運動の歴史を中心に一九九二年に『サハリン棄民―戦後責任の点景』を著したのにつづいて、九四年にノンフィクション作家の角田房子が『悲しみの島サハリン―戦後責任の背景』を世に問うことによって、日本人の関心を喚起することになった。『閔妃暗殺―朝鮮王朝末期の国母』（一九八八年）や禹長春博士をあつかった『わが祖国―禹博士の運命の種』（一九九〇年）などの作品で、日本人があまりにも無知である日韓両国の歴史について綴ってきた角田房子は、「サハリンの歴史を書くことは日本人である私には非常に苦しいことであった。しかし歴史の真実を知らなくては反省も謝罪も出てくることがないと信じてこの本を完成した」と述べている。

この角田房子の思いに、文化人類学者の崔吉城もまた同感する。崔吉城はサハリンに住む韓国人の母国への永住帰国が話題になっていた一九九九年に最初にサハリンを訪問した。そして、二〇〇二・三年度の文部省科学研究費補助金による共同研究「ロシアサハリンにおける日本植民地遺産と朝鮮人に関する緊急調査研究」を行い、日本の植民地政策によってサハリンへ移動させられた人びとが定着していく過程と、彼らの文化変容について考察し、その成果を『樺太朝鮮人の悲劇』（二〇〇七年）として刊行した。

一方、韓国でも一九九五年から海外コリアンへの関心が高まり、統一院から「世界の韓民族」というシリーズ本が出され、その第五巻『独立国家連合』にサハリンに居住する韓国人のことが報告されている。また、韓国国立民俗博物館が韓国文化人類学会に依頼し、海外コリアンの調査が始まり、一九九六年からその報告書が刊行され、二〇〇一年に『ロシアサハリン・沿海州韓人同胞の生活文化』が刊行された。

こうしたサハリンのコリアンへの報告書が出始めたなかで、二〇〇四年に私にもサハリンでの調査の機会が訪れた。それが北海道開拓記念館（現・北海道博物館）による「在サハリン朝鮮民族の異文化接触と文化変容に関する基礎的研究」であった(1)。

この研究は、「ユジノサハリンスク周辺を中心としたサハリン南部に居住している朝鮮民族に対する聞き取り調査、およびサハリン州郷土博物館ほか南サハリンに所蔵されている在サハリン朝鮮民族関係資料（物質文化および文書、写真資料）の調査により、旧日本領→旧ソ連領→ロシア領と変遷を遂げてきたサハリン南部における朝鮮民族の異文化接触の実態と文化変容の軌跡についての基礎的情報を記録するものである。具体的には、旧日本領時代からサハリンに居住している在サハリン朝鮮人の古老から、衣食住およびそれに伴う生活技術の変遷、物質文化や精神生活の変容を、他民族（日本人、ロシア人、サハリン先住民族ほか）との接触や寒冷地適応による影響を含め、記録にとどめることとする。得られたデータは、南サハリンの近・現代史の一端として、さらには北東アジア近・現代史の流動的展開の一端として位置づけ、今後の応用研究にむけての方法論・見通しを示すものとする」というものであった。

民博に勤めてから物質文化、ことに食文化を通して韓国社会を考えてみたいと思い、それまでに韓国社会を「食」の視点から見る著書などを出してきたためか、私には食文化を分担してほしいという依頼があった。

### 第一回目の調査

二〇〇四年九月一日の朝、大阪空港を出発し、新千歳空港に向かった。新千歳空港では千歳―サハリン修交三周年のフェアが開かれており、写真展と物産販売が行われていた。北海道開拓記念館の村上孝一さんと池田貴夫さん、韓国から参加した韓惠仁さんに会い、十一時から搭乗手続きがあるというので、サハリン航空のカウンターに向かうと、強風のため遅延するので、十二時三十分に改めてカウンターに来るようにとのことであった。その時間に再びカウンターに行くと、十五時から搭乗手続き、十六時二十分出発という張り紙がでていた。

村上さん、池田さん、韓さんと空港で昼食をとることにした。村上さんは建築学の専攻で六年前に、池田さんは民俗学専攻で二年前に、サハリンに行ったことがあるとのことだった。韓さんは北海道大学でサハリンでの朝鮮人強制連行をテーマとして博士論文を書いているということだった。十四時五十分に再びカウンターに行くと、今度は十七時に搭乗手続き、十八時二十分出発となっていた。十八時二十分に出発しなければ、サハリンで入国管理が閉まってしまうということであった。ともかくも待つしかなかった。結局、十六時に欠航が決まり、明日は十一時から搭乗手続き、十二時三十分に出発という案内が出された。

この日は新札幌駅に戻り、一泊することになった。実をいうと、私はこの北海道開拓記念館のサハリンのプロジェクトがあるまで北海道に来たことがなかった。このプロジェクトの事前研修会で二度ほど北海道に来て、今度が三度目であった。新札幌の駅前で、このプロジェクトの代表でもある北海道開拓記念館の氏家等さんもでてきてくれ、おかげで北海道料理に舌鼓をうちながら、今回の調査の結団式をもつことができた。

翌日、新千歳発、ユジノサハリンスク行き、四十人乗りの古いソ連製のプロペラ機は無事に飛び立った。離陸は十二時五十分、着陸は現地時間の十六時十分、時差が二時間あるので、実際の飛行時間は一時間二十分ほどであるが、国際線の慣例できちんと機内食が出された。

ユジノサハリンスク空港には、サハリン郷土博物館の職員と日本語通訳を兼ねたガイドさんが出迎えてくれた。小型のバスで市内に向かい、レーニン像の立つユジノサハリンスク駅前の広場に面したホテルに着いた。

翌九月三日はサハリン郷土博物館と北海道事務所を表敬訪問した。昭和六年に建てられたという博物館の建物は日本の風貌を残していた。サハリンの地理、歴史、先住民、動・植物の展示とともに、この八月にリニューアルしたという韓人展示があった。

四日から調査を始めた。インフォーマントは事前に郷土博物館が手配してくれていた。村上さんと池田さんがチームを組み、日本語の通訳がついた。私は韓国語ができるということで、韓さんともっぱら行動を共にした。韓さんは移民に至る経緯を中心に彼らのライフヒストリーを聞き始めた。私は食文化を担当したので、食生活の変遷について調査するつもりであったが、時間も限られており、私にとってもインフォーマントの方がどのような経緯でサハリンに渡ってきたのかは、基本的な情報として必要であったので、それを優先しての調査をすることにした。

韓国でもそうなのだが、サハリンでも朝鮮半島出身者の家を訪ねると、必ず食事がだされた。食文化の調査をする私にとっては願ってもないことであった。百聞は一見に如かず。調査させていただいたお宅でだされた食事そのものが、現在彼らが食べている食生活の情報であった。そこでまずは、現在彼らがどのようなものを食べているのかを調べることにした。いわば、食べることが仕事になった。

四日の午前は、バザールをはじめ市内を歩いて見学した。午後四時過ぎに、キム・コンジュさんのお宅に行く。キムさんの両親は、韓国の慶尚道の出身の小作農であったが、大阪に渡る。その後、横浜に移り、そこで一九二七年にコンジュさんは生まれた。本人が四歳か五歳の時、樺太に渡り、家族は炭鉱で働いたという。

家の裏庭には、三年ほど前までは販売するためのバラを栽培していたというが、現在はカボチャ、トマト、ニンジン、ゴマ、キュウリ、ダイコン、サンチュ、トウガラシ、タマネギなど自給用の野菜を植えている。家に入ると玄関のわきにピクルスを漬けたたくさんの瓶と中国産の米袋が置かれている。ご主人は亡くなられたが、長男家族と末娘と同居しており、私たちのために出して下さった料理は、フレーバ（パン）、ペリメニ（ロシア式の水餃子）、ハム、ソーセージ、イカのサラダ、トマト、ピクルス、キュウリの浅漬け、カバツキジャリニ（ズッキーニの卵付け焼き）、牛肉とニンジンとトウガラシの炒め物、ケンニプ（エゴマの葉を漬けたもの）、サムジャン（味噌）、サンチュ（チシャ）、そしてご飯だ。カバツキジャリニ〔カバチュコーヴィ・ジャリコ〕は韓国料理のホバクジョン（ズッキーニの卵つけ焼き）に、牛肉とニンジンとトウガラシの炒め物は韓国料理のチャプチェと似たものである。ご飯とサンチュ、サムジャンは韓国式である。その後、自家製の山イチゴのジャム、チョコレートとコーヒー・紅茶のデザートが出される。

五日は、朝、私たちだけで市内の食堂に行ってみた。メニューを見ると、いくつかの種類のピロシキがあることは分かった。どれが何のピロシキかわからず、一番上に書かれたものなら、最もポピュラーなものではないかと、それを注文した。それは鶏のレバーの入ったピロシキだった。食べると口の中から、胃の中までレバーの臭いがこびりついた。

昼前にヤン・デヨンさんのお宅に伺う。一九三九年に父親が、四年後の一九四三年に本人が小学校五年生の時に樺太に来たという。現在は、奥さんと二人暮らしだ。昼時なのでと食事を出される。木の箸とスプーンが置かれ、ご飯は陶器の器によそられている。ソーセージ、トマト、チーズ、ハンバーグ、マスの燻製、キウリウオの佃煮、白菜キムチ、ケンニプが食卓に並ぶ。ソーセージは、コチュジャン（トウガラシ味噌）をつけて食べている。ご主人が韓国の人からもらったという韓国製ウィスキーを飲もうという。ウオッカを飲むようなグラスに注がれ、すぐに杯を空けるようにと

写真36　ヤン・デヨンさんのお宅で出された食事。

勧められる。最後は紅茶と飴が出される。

　午後三時過ぎ、ヤン・チョンジャさんの住むアパートに行く、一人暮らしのヤンさん宅に、近所のチョン・ヨンエさんが来られている。カツレツ、カルトーシカのピューレ（マッシュドポテト）、トマトやキュウリなどの野菜サラダ、フレーバ、サラミ、チーズとともに、ウオッカが用意されている。

　この日、お昼と午後三時にウオッカを飲んでも、朝の鶏レバーの臭いは夕方まで消えることはなかった。

　六日は、午前に郷土博物館の館長と面談。午後は市内を見学し、高麗語を使っている放送局を訪ねる。

　七日の午前にコルサコフ（大泊）にあるホン・チョルスンさんのアパートに行く。

一九三一年にハバロフスクで生まれ、三七年にタシケントに移住。戦後、ウラジオストクに移住し、七二年に、その前年に知り合った男性とサハリンに来て結婚したという。近くに子どもの家族が住むが、一人暮らしだ。

ご飯とともにベンヤイという蒸しパンを作っておいてくださった。中央アジアから来た人は小麦粉の料理が得意という。ゆでた鶏肉、肉塩漬けニシン、ホタテの他に、明太、白菜キムチ、カクテギ（ダイコンのキムチ）、ワラビといった韓国式の料理もだされる。ロシア人はもともとワラビを食べなかったが、日本人や韓国人が食するのを見て食べるようになったという。

この日の午後、コルサコフからの帰り道にホッキ貝を買う。これを湯がいてもらうため、ガイドのキム・オクスンさんの娘さんのアパートに立ち寄る。そこでロールキャベツ、サーモンが出され、黒パンにバターを塗りイクラをのせて食べるという食べ方を教わる。

八日、朝七時にテレビで天気予報を見ると、タイフーンと言っている。確かに外は雨風が強い。心配しながら朝食を食べ、十時十分に空港に着くと、飛行機は定時に飛ぶという。しかし、十二時三十分になると、十六時十五分まで待機してみて決定するという。そこで市内に戻り、寿司屋に入った。

結局、十六時に欠航が決定されたと聞き、北海道事務所で新千歳から大阪に帰る飛行機の予約をとろうとするが満席。仕方なしに名古屋行きの飛行機を手配する。ところが翌日、新千歳までは無事に帰れるものの、名古屋行きが機体整備のため遅れる様子、関西空港行きのキャンセル待ちで、なんとかその日のうちに大阪に戻ってきた。行きも帰りも台風で一日遅れとなり、交通関係はバタバタしたが、その分二日間、行きは札幌で、帰りはユジノサハリンスクで余分においしいものを食べることができた。これはラッキーと思うことにした。

この第一回目の調査では、サハリンに住む朝鮮半島出身者の家庭での食事の一端をかいま見させていただいた。家庭状況による違いもあるが、おおむねロシア式と韓国式が並存しているといえよう。ただ、どのようにこの地に移住してきたのか、その経路の違いには留意しなければならないと感じた。(2)

今回の調査を通じて、次年度からの課題を考えて見た。サハリンにおける朝鮮民族の食生活変遷史は、日本時代、ソ連時代、ロシア時代、そして現在の四時期に分けられよう。日本時代については日本に残される資料からもある程度読みとれるだろうが、当時のことを知る人は、かなり年齢が高くなっており、インフォーマントをさがすのがむずかしいことが予想された。ソ連時代からロシア時代にかけては、ロシア語での資料は読めないし、食生活についての資料があるとは思えない。この時代について重点的に聞き取り調査しなければならないだろう。現在については、韓国の民俗調査や日本人による旅行記などからも資料を得られるが、今回のように郷土博物館が手配してくれたインフォーマントに話しを聞くだけでは、その実態がつかめない。その意味では、どこかの家庭において数日間でも、集中的に食生活を参与観察させてもらえないだろうかと考えた。

なお、滞在中、市場を観察した。トウガラシなどは今も中央アジアから運ばれてきていると聞い

写真37　市場でキムチやトウガラシを売るサハリン韓人のおばさん。野菜はダーチャと呼ばれる自宅の庭で栽培したものを売る。

た。また、市場には中国朝鮮族の人が多く働いており、野菜を売る人のなかには、中国朝鮮族の人がいた。さらに市場で売られる食品には、味噌、ケチャップ、カレー粉、カップラーメンをはじめとするインスタント食品など多様な韓国製の食品がみられた。その意味では、食生活の変遷は、ロシアの他地域との流通、中国人移住者による菜園の拡大、韓国市場との関係など、食材の供給の変化にも注目しなければならないと考えた。

### 第二回目の調査

こうした反省から、翌年からの調査方法を変えてみることにした。なによりも郷土博物館を通すと制約が多かったので、個人で活動させてもらうことにした。そこで、今回の共同研究のメンバーの一人である李愛俐娥さんに、よい人を紹介してくれるように頼んだ。李愛俐娥さんは、中央アジアの高麗人の研究をしているが、サハリンにも知り合いが多く、すぐさま、オクチュさんという女性を紹介してくれた。オクチュさんには、娘さんがおり、彼女は大学で日本語を勉強している。日本人のカメラマンで、サハリンでの作品を撮っている片山通夫氏の通訳をしたこともあるという話であった。

第二回目は、二〇〇五年十一月十日から十九日まで、北海道経由ではなく、私はひとりで仁川空港経由でサハリンに行くことにした。十日に韓国に行き、翌十一日の仁川空港を十時五分に離陸したアシアナ航空のエアバスは、現地時間の十四時四十分（二時間の時差）にユジノサハリンスクの空港に着陸した。

空港にはオクチュさんとご主人が車で迎えに来ていた。サハリンでは自由に民宿することはできず、ホテルに泊まったという証明書が必要であると聞いていた。それにもかかわらず、オクチュさんは「イリオプソヨ（大丈夫よ）」と北朝鮮の言葉でいいながら、自宅のあるアパートに案内してくれた。そして、コーヒーとオレンジをテーブルに運ぶなり、「お腹が減ったでしょう」といい、ご飯、ハム、イクラ、ワラビ、白菜キムチ、カクテギを冷蔵庫から出してくれた。

ご飯を食べながら、家族のことをうかがった。オクチュさんは一九五三年生まれ、ご主人は私と同じ一九五〇年生まれであった。国営保安警備会社の電気技術者をするとともに、個人的に保安警備設備の設置管理会社を運営している。長男は大学生になった時、交通事故で亡くなり、今はオクチュさん夫婦は、娘さんと三人で暮らしている。オクチュさんは一男六女の七人兄弟姉妹の三番目である。もともとはコルサコフの出身で、長姉、次姉、四妹と弟は今もコルサコフに家があり、五妹は韓国に、末妹はユジノサハリンスクに住んでいるという。

私が、サハリン韓人の食生活について調査をしたいと話すと、オクチュさんはすぐに理解して、私の滞在する期間の日程を考えてくれた。その日程を順に記してみよう。

十二日：惣菜作りの家に行った。惣菜は、ニンジン、ピーマンなどの野菜に、イカ、砂肝、明太などのうちの一つを酢、油、ニンニク、トウガラシ、砂糖などを入れて混ぜ合わせたもので、十四・五種類あり、一日に五種類ずつ作っては市場で売っているという。夕方には、ご主人の次姉の子どもの家で、ご主人の次姉の夫の生日祭祀に連れて行ってくれた。そして、その足で、さらに知人の還暦パーティーにまで連れて行ってくれた。

十三日：キムチ作りのため、市場に買い出しに行く。バザールでは、中国人が白菜を販売しており、一キロ当たり五ルーブルの白菜を四ルーブルにまけさせて三十二キロ買った。そして、家に戻り、白菜の塩漬けをした。

十四日：オクチュさん宅でキムチ作りをし、昼からはイトコBの家に行き調査。

十五日：朝にスンデ（豚の血の腸詰め）作りを見に行く。スンデは、警備員として勤務する夫が、父母が作っていたのを見よう見まねで覚え、週に二回、七・八キロずつ作り、妻が市場で売っているという。朝鮮風のほかに、ソバを入れたロシア人の好むスンデも作っており、注文生産もしてい

写真38（右）　キムチ漬け。白菜を切って、塩をまぶし、風呂場で１日漬けておく。
写真39（左）　キムチ漬け。翌日、トウガラシやニンニクを混ぜて作った薬味を白菜の葉の間に塗りつけ、ポリ容器に入れて漬けておく。

る。昼は、ロシア人の家庭料理も見ておいた方がよいと、友人のロシア人の家に行き、その主婦が作る家庭料理をご馳走してもらった。また、夕方は夫の姉の娘の家での食事に招待してもらった。その後、餅作りの店に行った。そこは韓国人が経営しており、ぼた餅やあんこ餅が製造・販売されていた。

十六日：空港に行く途中に新しく建設されたショッピング・モールのメガポリスに行く。ホテルに泊まったことを証明する必要があり、ホテルに移動。

十七日：昼過ぎに空港に行き、安山にいるオクチュさんの叔母さんへのお土産を託されて、韓国に向かう。

十八日：韓国に戻り、安山市立老人専門養療院にいる叔母さんに会う。

写真40　豚の腸にさまざまな野菜とともに血を詰めて茹でたスンデ作り。もともとは北朝鮮の地方料理であった。

食文化の調査にとっては、いつ、どこで、何を、誰と、どのように食べたのかを記すことが第一歩である。食文化研究の開拓者でもある石毛直道先生は、フィールドに出られるとご自身の召し上がった食事をすべて記録し、写真を撮っておられた。

それには及ばないが、私の食事日記を表6、7に記しておこう。ほとんどの食事をオクチュさんの家で食べたことがわかるだろう。オクチュさんが料理をするとき、私は台所にいて、作り方を観察し、写真を撮らせてもらった。

## 第三回目の調査

三回目も、やはり韓国経由でサハリンに行くことにした。二〇〇六年八月二十四日の夕方にソウルで、第一回目に一緒にサハリンに行った韓恵仁さん、今回一緒に行く李愛俐娥さん、そしてこの年の秋からサハリンの大学で韓国語を教えることになっている南恵瓊さんと夕食をともにした。翌朝、仁川空港で李愛俐娥さんと待ち合わせると、李さんの知り合いの宣教師に会った。彼はサハリンで農園を経営しているという。

二十五日の十五時過ぎにユジノサハリンスクに到着した。今回も私の調査日程をオクチュさんがアレンジしてくれた。さっそくその日の夕方からご主人の長姉の娘の夫の還暦祝いのパーティーに連れて行ってくれた。翌日は、昼から市場見学に行き、夕方は昨晩の還暦パーティーの主人公の家に行き、還暦について補足調査をさせてもらった。二十七日は、李さんの知り合いの宣教師に会いに連れて行ってくれた。彼の農園は二ヶ所あり、ユジノサハリンスク市内から離れた所にあるため、娘の婚約者に車をだすように手配してくれた。二ヶ所の農園を廻る合間には、海岸でサケ漁を見せてくれた。翌二十八日は、韓国人宣教師の事務所で彼のサハリンでの活動をインタビュー調査し、夕方からウオッカやパンやチーズ、肴となる食材を購入して、前回知り合った中国朝鮮族の農園に行った。二十九日にはコルサコフに行き、老人にインタビューをし、長姉の家に行く。夕方はふたたび中国朝鮮族の農園に行った。残りの二日は、私はオクチュさんご自身のライフヒストリーに関心をもったので、彼女のインタビュー調査をした。そして、九月一日に韓国に戻った。

この三回目の調査においても、あくまで食の調査が主目的であったので、二回目と同じように食事日記をつけておいた（表7）。

表6　食事日記　第2回調査（2005年11月）

| 日 | 場所 | 食事内容 |
|---|---|---|
| 11日昼食 | オクチュ宅 | ハム、イクラ、ワラビ、白菜キムチ、カクテギ |
| 夕食 | コルサコフに住むチョ・オクチュの長姉の家 | ご飯、味噌鍋、カクテギ、チョンガクキムチ、サラダ、タマネギの酢和え、豚肉・コチュジャン、干しイカの裂いたもの |
| 夜食 | オクチュ宅 | キュウリ魚(コーリチカ)、トマト、キュウリ、ハム、黒パン、イクラ、エビ、鮭 |
| 12日朝食 | オクチュ宅 | ペリメニ、ワラビ、白菜キムチ、カクテギ、トマト、ご飯、パン、トウガラシとエゴマの葉の醤油漬け、 |
| 昼食 | オクチュ宅 | 母の時からの冬の定番料理ということでキムチ炒め、パン、コーヒー |
| 夕食 | 主人の次姉の子どもの家 | 生日祭祀 |
| 13日朝食 | オクチュ宅 | 母の時代の料理ということでサンペイ(鮭、ジャガイモ、ニンジン、タマネギのスープ)、 |
| 昼食 | オクチュのイトコAの家 | 豚肉のチゲ、サム、マンドゥ、ソーセージ、ケンニプ、鮭の燻製、カクテギ、キクラゲ、イクラ、キムチ、青トウガラシ、アサリの塩辛、バラのジャム、コチュジャン、醤油 |
| 夕食 | オクチュ宅 | ビビンパ、昆布ナムル、セリのナムル、チョンガクキムチ |
| 14日朝食 | オクチュ宅 | ソーセージ、チーズ、トマト、ピクルス |
| 昼食 | オクチュのイトコBの家 | ジャガイモのロシア風スープ、黒パン、バラのジャム、トマト、アキアジ入りのカクテギ、昆布とタマネギ、白菜キムチ、ムッ、豚肉の燻製：キムチ作り |
| 夕食 | オクチュ宅 | ビビンパ、イクラ、昆布のナムル、セリのナムル、ソーセージ、チーズ、ケンニプ、チョンガクキムチ、カニ、ホッキ貝入りのチヂミ |
| 15日朝食 | オクチュ宅 | スンデ、チョンガクキムチ、緑豆ナムル、ご飯 |
| 昼食 | ロシア人の友人宅 | パン、ソーセージ、トマトとたまねぎ、ピクルス、ニンジンとトマトのサラダ、ジャガイモと鰊のマヨネーズ和え、鰊、ボルシチ、アンズの茶 |
| 夕食 | 主人の長姉の娘宅 | ご飯、白菜キムチ、トンカツのようなもの、イクラ、貝の和え物、肉とキノコを　、鮭と大根のシッケ、魚の煮物、焼き魚、マカロニサラダ |
| 16日朝食 | オクチュ宅 | ワカメスープ(牛肉の缶詰を利用)、ホタテのチヂミ、チョンガクキムチ、スンデ、ご飯、緑豆ナムル |
| 昼食 | ロシア料理店 | |

表7　食事日記　第3回調査　2006年8月～9月

| 日 | 場所 | 食事内容 |
|---|---|---|
| 25日夕食 | 還暦祝いのパーティー | |
| 26日朝食 | オクチュ宅 | チヂミ、日本の味噌と韓国の味噌を混ぜたネギの味噌汁、大根キムチ、白菜キムチ、イクラ、チーズ、サラミ |
| 昼食 | オクチュ宅 | スカンジナビア産の魚の缶詰、大根キムチ、白菜キムチ、イクラ、チーズ、サラミ、ピーマン、ピクルス、バター、ソーセージ、茹でたジャガイモ |
| 夕食 | 主人の長姉の娘宅 | 還暦祝いで残ったものを後始末 |
| 27日朝食 | オクチュ宅 | チヂミ、フライパンで焼いた豚肉とたまねぎ、トマト、キュウリ、ご飯 |
| 昼食 | 海岸 | サケ・ジャガイモ・タマネギ・ニンジン、ネギを入れ、魚ダシ、塩、コショウで味付けをしたスープを作る。家から持っていったチヂミ、白菜キムチ、大根キムチ、ソーセージ、黒パン、キュウリ、ピーマン、トマト、スイカ、香草 |
| 夕食 | オクチュ宅でロシア人家族を招いて食事 | 豚カルビ、ご飯、イクラを韓国海苔で包む手巻き寿司、キュウリ、トマト、ピクルス、香草、紫タマネギ、イクラ、白菜キムチ、大根キムチ |
| 28日朝食 | オクチュ宅 | フライパンで焼いたバウトス(たらに似た高級魚)、ご飯、スカンジナビア産の魚の缶詰、海苔、イクラ、ニンニクの茎 |
| 昼食 | 韓国人宣教師の事務所 | 豆入りご飯、キムパプ、チャプチェ、白菜キムチ、オイキムチ(キュウリのキムチ)、トマト |
| 夕食 | 中国朝鮮族の家 | |
| 29日朝食 | オクチュ宅 | 挽肉・タマネギ・ご飯のピーマン詰め、ご飯、白菜キムチ、大根キムチ、ホウレンソウの和え物 |
| 昼食 | コルサコフのオクチュの長姉宅 | 茹でたカニ、ホッキ貝の和え物、サラミ、ズッキーニ、白菜キムチ、さきいかの和え物、ピクルス |
| 夕食 | 中国朝鮮族の家 | |
| 30日朝食 | オクチュ宅 | 中央アジアの朝鮮人がよく食べるという細かく切った豚肉、鶏肉、タマネギ、ニンジン、トマト、ピーマンを入れた炊き込みご飯を炊く。白菜キムチ、大根キムチ、ホウレンソウの和え物、サラミ |
| 昼食 | オクチュ宅 | カムジャトク(ジャガイモ餅)、フライパンでネギとあわせて煮たバウトス、朝の炊き込みご飯、ホウレンソウの和え物、白菜キムチ、大根キムチ、サラミ、ニンニクの茎 |
| 夕食 | オクチュ宅 | ソバ飯、豆腐・ネギ・牛肉を入れたチゲ、白菜キムチ、大根キムチ、ニンニクの茎、ニンニクのチャンアチ、サラミ |
| 31日朝食 | オクチュ宅 | ロシア式の食事にしようと、ジャガイモとタマネギの炒め物、パン粉をつけて油で焼いたバウトス、黒パン |
| 昼食 | オクチュ宅 | あるものを食べようと、昨夜の夕食と今朝の朝食の残り物 |
| 夕食 | ビール工場のレストラン | アメリカ留学に行く娘の送別会 |
| 1日朝食 | オクチュ宅 | ご飯、チヂミ、白菜キムチ、大根キムチ、サラミ、ベーコン、イクラ |

こうしてオクチュさんのおかげで、紹介していただいた高齢者の方からの聞き書きやオクチュさんの母親や自身の幼い時の暮らしの話とともに、実際の食生活の事例を知ることで、私は「サハリン朝鮮民族の食生活──その歴史と現在」についてまとめることができたのである。(3)

## 2　サハリン韓人のライフヒストリー

### 再びサハリンに

「在サハリン朝鮮民族の異文化接触と文化変容に関する基礎的研究」における三回の調査を終えたが、北海道開拓記念館が新たに二〇〇九年度から始めた「日本領期における樺太移民文化の民俗学的研究」というプロジェクトにも引き続き加えてもらった。サハリンの日本領期とは、日露戦争後のポーツマス条約締結により、北緯五十度以南の樺太島（南樺太）がロシアより日本に割譲され、行政機関として樺太民政署が設置された一九〇五年から第二次世界大戦が終戦となった一九四五年までを指す。すなわち、最も近い時期でも半世紀以上経っており、この時期の話を聞き取り調査するのはむずかしいことが予想された。そのため北海道開拓記念館では、当時の新聞を分析したり、一九四五年以前に生まれたサハリン韓人は韓国に永住帰国している人が多いので、韓国に行っての聞き取り調査も計画していた。しかし、私は海外コリアンの研究に関心があるため、再びサハリンをフィールドとして調査することにした。そして、二〇〇九年八月二日から八日、二〇一〇年九月九日から十七日、二〇一一年九月二日から十日、二〇一二年一月七日から十一日という三年間、四回の調査を行った。

この四回の調査でも、オクチュさんと二〇〇六年十月からサハリンの大学で韓国語を教えていた南惠瓊さんにお世話になった。お二人は、今回の私の調査目的を理解して、一九四五年以前のサハリンでの生活を経験した人をさがそうと、高齢者の方にあたってくれた。

しかし、予想していたとはいえ、この調査はむずかしかった。その理由の一つは、お話を聞かせていただく方が、みなさん八十歳を超えており、長時間おつきあいいただくことに限界があった。二つは、お話を聞かせていただいたおばあさんたちのなかには、一九四五年の終戦間際にサハリンに嫁いできたため、一九四五年以前のサハリンの状況についてはほとんど知らない方も多かった。三つは、オクチュさんが直接に知っている人ではないので、お宅に出向いて一人でお話をうかがうという形ではなく、韓国人会館の一室に何人かでご一緒においでいただく形をとらざるをえなかったため、お互いの話に割り込んで来たり、お互いに聞かれたくない話もあり、なかなか聞き取りがうまくいかないこともあった。

ともあれ、何人かの方たちから、一九四五年以前の暮らしについてお話を聞かせていただいたが、幼い時のことであり、生きることに精一杯で、食べることについてはとてもあれこれと覚えている状況ではなかったとのことで、日本領期の移民文化については、充分な情報を得ることはできなかった。しかし、これら高齢者の方たちのソ連時代から今までの苦労話の一つ一つは、サハリンの歴史の証言として、私の胸のなかに刻まれている。ことに一九三三年にサハリンで生まれたという日本人のおばあさんの、幼い時に母を亡くし、朝鮮の人と結婚したため、日本に帰ることができなかったという話には、どのように答えて良いのか胸が塞がる思いであった。

## スナコさんの話

日本領期の思い出話を語ってくれた人たちのなかに、私に自ら日本名を名乗った女性がいた。彼女の日本名はスナコといった。二〇〇九年八月三日に、彼女の住むアパートを訪ねた。一九三一年生まれのスナコさんは、父が建築技師であり、比較的裕福な家庭に育ち、当時の朝鮮人はふつう小学校までしか通わなかったが、めずらしく女学校まで通ったという。奈良女高師出身の担任の先生や学生時代の思い出とともに、日本式の醤油や味噌を使って料理した肉や魚や、卵焼き、タクワン、キュウリのお漬け物などを入れた弁当を母がもたせてくれたと語ってくれた。

終戦後、父は日本に協力したという理由で獄死したという。それでもスナコさんは、日本人である私に会って、時に日本時代をなつかしむように、たんたんと思い出話を語ってくれた。そして、今日は何のもてなしもできなかったから、翌々日のお昼にぜひ来てくださいと言った。私は遠慮無く、招待を受けることにした。

八月五日のお昼に、再びスナコさんを訪ねると、お昼ご飯の用意をしておいてくれた。お膳には、カジャミシッケ（魚のキムチ）、ムッ（ドングリの粉を寒天状にしたもの）、牛肉のスープといった韓国料理、イクラ、ハム、トマトとキュウリのサラダといったロシア風の料理とともに、大根と人参でつくった日本式のなますが置かれていた。

スナコさんは、普段は安山に住んでおり、夏はもっぱらサハリンに帰ってきているという。そこで翌年の二〇一〇年には、サハリンに行く前に安山で会うことにした。九月十二日に安山の「故郷のムラ」に行った。前年に日本の食べ物で何か召し上がりたいものはないかと聞いた時、スナコさんが「酒粕」と言われたことを思い出し、日本のお菓子と一緒に持って行った。

スナコさんは、ロシア風の餃子、サハリンから持って帰ったワラビ、ホウレンソウのナムル、キュウリのあえもの、昆布巻き、日本のインスタント味噌汁の「あさげ」、日本の「すしのこ」で作った酢飯を使って具材を巻いた海苔巻きを用意してくれた。またご飯と一緒に、「日本のものはダイコンを干してから漬けるのに韓国のはちがうからね」といいながら、真っ黄色に染まった韓国製のタクワンもだしてくれた。

安山の「故郷のムラ」は、二〇〇〇年二月以降に帰国したサハリン韓人のうち一九四五年以前に生まれた一世たちのため、日本の赤十字の支援もあって建てられたアパート団地である。二〇〇九年現在、ここの住民は四八九世帯、八四九名であった。

現在、安山はサハリンからの永住帰国者だけでなく、外国人労働者が多く住む街になっている。もともと安山市は、八〇年代に排出規制を守らない工場をソウルから転出させるため、工業団地を新しく造成した都市であり、九〇年代に入るころから、その働き手として外国人労働者が目立ち始

写真41　スナコさんの家の食卓。ロシア、韓国、日本の料理が一つの食卓に並べられた。

めた。ことに団地の前に位置する元谷洞は、その大多数は朝鮮族をはじめとする中国籍の人であるが、ベトナム、インドネシア、フィリピンなどからの人びとが住み、多種多様な言語の看板があふれている。現代の韓国社会においては多文化の問題がいろいろと取りざたされている。「国境のない街」、「韓国語の聞かれない街」といわれ、多文化社会の問題が凝縮した街になっている安山市の片隅に、忘れ去られたように、サハリンからの永住帰国者がひっそりと暮らしている。

## コーディネーターとしてのオクチュさん

第一期、第二期を通して、オクチュさんには私の調査のコーディネーターとしての役割をお願いした。第一期の第二回、第三回の調査日程と食事日記を記したが、ここからもオクチュさんが私の調査目的を十二分に理解してくれたことがわかるだろう。

第一に、滞在期間中、ほとんどの食事をオクチュさんの家でいただき、オクチュさんがそれらの料理を作る横にいて、どのようにして作るかを教えてもらった。また、家の台所の棚や冷蔵庫の中まで見せてくれた。台所の棚には、岩海苔（広川産）、岩海苔（鮮京食品）、玄米緑茶、牛肉ダシ、胡椒、トウガラシ粉、醤油があり、冷蔵庫には、ケチャップ、マヨネーズ、牛焼肉のタレ、豚焼肉のタレ、コチュジャン（ビビンパ用）、コチュジャン、鶏の唐揚げ粉、チヂミ粉、あさり味のダシ、わさび粉、エゴマの葉（缶詰）があり、ベランダには、在来味噌（二キロ）、豆麹味コチュジャン（三キロ）が置かれていた。こうして、サハリン韓人の家庭の食について、その実体を知ることができた。

第二に、儀礼食である。インフォーマントから話しを聞くだけでなく、オクチュさんは還暦祝いと生日祭祀に実際に行って見る機会を作ってくれた。

三回目の調査で連れて行ったもらった還暦祝いの膳にだされた食べ物は、クッス（麺）、そば粉のムッ、牛肉、牛の肺、魚の脯、油菓、タクワン、カマボコ（薩摩揚げ）、アンコ餅、菓子（かりんとう）、シッケ、スンデ、ホタテのキムチ、イクラのせのパイ、海苔、サザエ、キムパプ（海苔巻き）、レーズン入りのトック（蒸し餅）、ベーコンと鶏肉、そしてライスカレーであった。

クッスは韓国の祝いの膳には欠かせないものであるが、サハリンではライスカレーも必ずだされることを知った。カレーについては、私もサハリンに行く前に民博のアイヌ研究者の大塚和義先生から「サハリンに行くなら、お土産にカレー粉をもっていくといいよ」と聞いていた。また、田中水絵の『奇妙な時間が流れる島サハリン』（一九九九年）にも、サハリン韓人の家を訪ねた時に「座ったとたんにウオッカが注がれ、卓に所狭しと並んだ山の幸・海の幸が勧められる。フキ、ゼンマイ、海草のいため煮。魚、イカ、貝の塩漬け、酢漬け。大根、ニンジン、白菜のキムチ……。もう十分と思いきや、『カレーにするかね、ウドンかね』と来るのだ。もてなし攻撃にめげずになんとかウドンを食べ終わったとたんに、カレーも現れた。（中略）『カレー粉は、やっぱり日本のが一番だ。日本に行く朝鮮人は、カレー粉は必ず買ってくるよ』」とカレーがサハリンで好まれていることは知っていたが、儀礼食になっていることは初めて知った。

一方、生日祭祀とは、祖先の誕生日にする祭祀で、韓国では江原道や海岸地方で慣行され、朝食を食べる前に行い、忌祭祀（命日祭祀）とほぼ似ているが、食べ物は生前の誕生日に用意するものと同じにするという。サハリンでは、一周忌の前の死者の誕生日に生日祭祀を行っていた。死者の写真が置かれた膳に、ろうそくが立てられ、お酒とご飯、汁物、ワラビのナムルが置かれ、サバ、豚肉、ソーセージ、鶏肉と、餅、ブドウ、オレンジ、洋ナシ、菓子、ケーキが並ぶ。膳の前には、お酒、タバコ、マッチ、米の入ったコップ、皿に載せられた広口の瓶が置かれていた。

第三に、食を供給するところに案内してくれたことである。市場で売る総菜を作る家、スンデ作りの家、餅を売る店などである。ことに市場で野菜を売る中国朝鮮族とオクチュさんは仲が良く、

写真42　生日祭祀。祭祀の膳には、韓国での忌祭祀と原則は似ているが、生前に好きだった食べ物も並べられていた。

彼らの農園にまで何回か連れて行ってもらった。

最初は、二〇〇六年の第三回目の調査の時であった。彼らは、中国とロシアの国境に接する黒竜江省北西部の鶏西市の出身であった。夫婦と息子二人の家族で、中国人の労働者数人を雇って、市内から車で小一時間の農園を借りて、野菜を栽培して販売していた。春になるとサハリンに来て、冬になる前に中国に帰るという。オクチュさんは、ナターシャと呼ぶ中国朝鮮族の奥さんとは、家族のようなつきあいだといい、私のことも中国朝鮮族の人たちに自分の家族の一員のように紹介してくれた。

二〇〇九年に訪れた時には、「次に会ったら、飼っているイヌをつぶして食

写真43　朝鮮族の農場の家の外で宴会。右列前から、朝鮮族の夫婦、私、韓国の大学教授、左列前からオクチュさん、友人、ご主人。（撮影者：南恵瓊）

べよう」という二〇〇六年に行った時の別れ際の約束を守って、イヌの料理をだしてくれた。二〇一〇年には、南恵瓊さんを介して知り合った済州観光大学の教授も農園に同行して、皆でごちそうになった。二〇一一年には「来年も来るなら、息子にカメラを買って来てくれ」という頼みを受け、私がカメラを買っていってあげると、市内のカラオケにまで連れて行ってくれた。

また、オクチュさんの娘が第一期と第二期の調査の間に結婚し、第二期の最初の年、二〇〇九年に行った時は、出産したばかりであった。孫が生まれて忙しいなかでも、オクチュさんは私の調査につきあってくれたばかりでなく、娘の主人の実家、すなわちオクチュさんから見るとサドンにも、紹介してくれた。

第二期の最後、二〇一一年一月には北海道開拓記念館のメンバー三人とともにサハリンを訪ねた。これまではもっぱら夏に行ったが、初めて真冬に行った。オクチュさんはイトコAに頼んで、彼女の家に私たちが一緒に泊まれるようにしてくれた。この時、私はキムチについて、北海道開拓記念館の一人はコンブについて調査をしたいと申し出た。すると、コルサコフに住むオクチュさんの長姉に連絡をとってくれた。オクチュさんにとって、長姉はもっとも頼りになる人で、私はこれまでにも何回か話を聞かせてもらっていたが、メンバー全員で長姉の家に押しかけた。

まずは去年の冬に漬けたキムジャン・キムチの話を聞いた。いつもは十月末に行うが、去年のキムジャンは十一月八日に白菜三百キロ、韓国で種を買い栽培したアルタリ大根三十キロを漬けたという。次に、七〇~八〇年代にオクチュさんの母さんが漬けていたキムジャンの話を聞いた。その時は、百キロの桶に十五個くらい漬けていたという。トウガラシは中央アジアのタシケントから運ばれたもので、当時は一キロで十ルーブルだったという。今はプラスチックの容器に漬けるのだが、その頃は木樽を使った。そのほか大根とマス、明太の頭も入れたキムチやたくわんも漬けたというが、今は韓国製を買うようになったということだった。その日は、キムチの話だけでなく、去年のキムジャンに漬けたキムチをはじめ、コンブで作った料理など、たくさんのご馳走をだしてもらった。

オクチュさんのおかげで、サハリンの食文化調査は順調に進められたが、この調査の支えとなっ

写真44　コルサコフにあるオクチュさんの長姉の家で、キムチの調査をする。お膳にはキムチのほかに、すでにウオッカのグラスが用意されている。（撮影者：池田貴夫）

たのは、オクチュさんのネットワークであった。オクチュさんは、私の知りたいことをよく咀嚼して、自身の知り合いのなかから、これと思う人を選び出して手配してくれた。そのネットワークの広さに私は驚いた。韓国語には「手が大きい」、「足が広い」という表現がある。「手が大きい」は、気前がいい、物惜しみしないという意味である。「足が広い」は、交際が広い、顔が広いという意味である。まさに、オクチュさんの「大きい手」、「広い足」が、私の手足となってくれた。ご主人の親戚、市場の友だちをはじめ、彼女の生活圏の広さをすべて披露してくれた。また同じ年の女性の友人には、移動するときの車の運転を頼んでくれた。調査というものは「めんどうで、あつかましい」お願いをしなければならないが、そんな時は、オクチュさんは、まず自身の姉妹、そして母方のイトコを紹介してくれた。女性のネットワークの底力を感じずにはいられなかった。

## インフォーマントとしてのオクチュさん

フィールドワークをしている時、オクチュさんが私にこう言った。「朝倉さん、私も私の人生を本に書くことができるかしら」。オクチュさんは、私の調査につきあいながら、フィールドワークに興味をもってくれたようだった。「オクチュさんが書いてくれたら、私が出版しますよ」と私は答えた。あいにくオクチュさんは韓国語で話しをするもののハングルは書けないので、私が翻訳して出版することはできないのだが、私はオクチュさんのライフヒストリーに関心をもったし、彼女のライフヒストリーを通して、サハリン韓人の歩んでいる歴史を綴ることができると思った。

私がフィールドワークをしながら、その合間合間で聞いたことと、南さんにあらためて確認してもらったオクチュさんのライフヒストリーを書くと、以下のようになる。

一九五三年にコルサコフで生まれる。高校を卒業後、八三年まで縫製の仕事をする。七八年に二十五歳で結婚。その年に長男が産まれる。八三年春、バラの移植用の苗を買いにモスクワを経由してラトビアのリガに一人で行く。八四年に長女が産まれる。八四年から九〇年頃まで、郵便局で仕事をしながら、バラの花を栽培し、服の仕立てをするなどの副業をする。その頃、郵便局で仕事をしながら知り合った高麗人がいた。タシケントの郵便局で仕事をする女性であったが、夫は農業に従事していた。彼らが毎年、自身の作ったトウガラシの粉、ゴマ、糯米などを送ってきたのを、市場で売って送金した。八〇年から約十年間こうした関係が持続した。九〇年、娘が六歳の時、友人一名と一緒にウズベキスタンのタシケントを訪問。その後、ソビエト崩壊があり、連絡が途絶えた。九三・四年頃、韓国の釜山で三ヶ月商店の通訳として働く。釜山の船の通訳として三回ほど船に乗り、ハバロフスクで靴を買ってきて売るなど、さまざまな形でお金を稼いだ。九五年、胃の手術を契機に、外国を飛び回る商売を一旦はたたんだ。九六年頃韓国人と白菜栽培をしてみるが、あまりうまくいかず止める。九八年一月に長男が死亡。それまでの約二年間は夏の期間にウラジオストクで韓国人を対象とした観光ガイド兼通訳をする。そして、ウラジオストクに行ったり来たりするうちに知り合いになった中国朝鮮族が韓国人から受け継いだティーシャツ工場を運営し、そこで品物を受け取りユジノサハリンスクで市場や学校、病院などを廻り、行商をしてきた。朝鮮族が工場の門を閉じたので、その後は在庫のみを売っていたが、ほぼすべて売り切れの状態になった。二〇〇〇年頃から一年に二・三回韓国に行く。そのたびに、靴下、布団、カバン、靴などの雑貨を買って来て売る。二〇一一年には在来市場の中に、服の修繕の店をオープン。二〇一三年秋に在来市場の向かいにあるショッピングセンターに二号店をオープン。二人の技術者と一緒に交代で仕事をする。

　まさに波瀾万丈の半生である。ソ連時代に生まれたオクチュさんにとって、一九八五年から始まった市場経済導入を柱とした経済改革のペレストロイカによって、その生活環境が大きく変わったこと、そして個人的には九〇年代半ばに、胃の手術と長男の死亡という心身ともに受けた試練が、彼女をたくましくしたようである。

オクチュさんは、十二歳の頃、ヒマワリの種を市場に売りに行ったことを覚えているという。また、モノの値段についても、よく覚えており、例えば現在黒パンは二十一ルーブル、コメ一キロが二十五ルーブルだが、子どもの頃は黒パンが二十二銭、コメは八十八銭だったと思い出し（なぜかお金の単位を韓国語で銭と言った）、コメが相対的に安くなったのは中国からコメが入ってきたからだろうと教えてくれた。もしも、オクチュさんが、こうした記憶をもとに自叙伝を書いてくれたら、それこそサハリンのすぐれた生活史の資料となるにちがいないと思った。

サハリンは、現在、天然資源の開発のため外国資本が入り、そこで働く人たちの住宅不足で不動産が高騰している。そうした中で、オクチュさんは、夫婦二人の年金とともに、サハリンにアパートを何戸か所有し、その賃貸料が収入としてあるだけでなく、十年前にモスクワに二棟の新築アパートを分譲購入したという。ただし、そこは建築会社が倒産するなどの問題があり、二〇一四年十二月現在も未完成であるとのことであった。オクチュさんの知り合いのなかには、韓国釜山の海雲台にマンションを所有する人もいるというが、オクチュさん自身も友人たちとともに、二〇一一年にブルガリアにリゾート・アパートを購入した。ブルガリアは気候がよいうえ、ロシア語が通じる。夏休みには黒海に日光浴に行くなど、長期に遊びに行くことができ、おまけに何年かしたらそのアパートを高く売り払うこともでき、行楽と投資を兼ねることができるという。

また、ご主人が国営会社に勤めているので、国内旅行は航空券を無料で手に入れることもできる。休暇をとってモスクワ、サンクトペテルブルクには一年に二・三回訪問しているという。さらに、二〇〇六年から夫婦同伴で、フランス、デンマーク、ノルウェー、スウェーデン、香港、中国、ベトナム、グァム、日本の北海道、韓国の済州島などを観光したという。彼女の半生における移動距離は、半端なものではない。その移動距離からだけでも、いかにダイナミックに暮らしてきたかがわかるだろう。

オクチュさんという極東のサハリンに住む一人の朝鮮半島に出自をもつ女性の半生を通して、私はサハリンのコリアンがたくましく生きていることを学んだ。

## メリケン粉とキムチ

本章冒頭でも紹介した李恢成の『サハリンへの旅』に、次のような文章がある。李は友人にサハリンに住む同胞社会の生活の歴史について尋ねる。するとその友人は「メリケン粉なんですよ。サハリンの朝鮮人は。一番粉と二番粉と三番粉。一番粉は、戦前からいる先住民で、これが一番質がよいんです。一番粉ってのは先住民、つまり戦前から樺太に住んでいた朝鮮人のことですよ。二番粉ってのは、戦中ソビエト本土にいて戦後サハリンに渡ってきた人間のことで、ソ連軍の通訳とか警察をやっていた連中だし。三番粉は、戦後、北鮮からこの地にやってきた契約労働者のことですよ。このメリケン粉がいまサハリンにいるんです」と答えるのである。つまりメリケン粉にたとえて、サハリン韓人の構成が語られている。

こうした言説は、私も何度か聞いた。この三つのカテゴリーは、今でも語り継がれている。すなわち、一つは、ファテチ（樺太人）とよばれ、日本時代から住んでいて、大部分が現在の韓国出身で、その多くが無国籍のままソ連時代を生きたという人たちである。約二万五〇〇〇人がいるという。二つは、クンタンペギ（大陸人）と呼ばれ、戦後、中央アジアから移住し、警察、通訳、朝鮮学校の先生などをすることで、ソ連時代には他の朝鮮人の監視、指導役を勤めた人たちで、約二千人いる。三つは、パギョンノムジャ（派遣労務者）とよばれ、戦後から一九五〇年の間に北朝鮮から派遣され、漁場、山林などで働く出稼ぎ労働者である。約三万人のうち一万人ほどが帰国せず残留しているという。彼ら三者は、メリケン粉にたとえられた人たちである。

しかし、現在のサハリンには、そのほかに八〇年代以後から派遣されている北朝鮮国籍の人たちがいる。建築労働者など約三千人を数える。そして、ペレストロイカ以後渡ってきた中国国籍の人たちもいる。中国朝鮮族が多く、衣類の商売人、建築労働者、農園の労働者など約百人がいる。さらに、ペレストロイカ以後渡ってきた韓国国籍の人たちもいる。宣教師、駐在員、個人事業家、建築技師など約三百人（ほとんどが男性単身赴任、定住者は約十世帯）がいる。

私は、こうした新しい人たちを含めて、サハリンにいる朝鮮半島出身の人たちは、キムチにたとえられるのではないかと考えた。すなわち、サハリンのキムチは、サハリン韓人によって作られている。その味は、北朝鮮風の比較的マイルドなものである。しかし、味は目にみることはできない。

北朝鮮からの人たちは、ほとんど人の目にふれないようにして暮らしている。トウガラシは、中央アジアから入ってくる。これは韓国のものと比べると、安価であり、辛い。中央アジアからきた人たちは、来た当時と比べると、現在はサハリン社会のなかでは辛い立場におかれている。韓国のトウガラシは、高価であるが、おいしいと人気である。そして、白菜は中国朝鮮族の農園で中国人たちによって作られている。これらのキムチは、サハリンに住むロシア人にも、食べられるようになっている。

また、かつて日本領地時代には朝鮮半島出身者は日本人から「朝鮮ナッパ、臭い、臭い」と言われ、キムチにかけて蔑まれたという話が、スナコさんをはじめ高齢なインフォーマントの人たちから異口同音に発せられた。それが、今では「キムチがロシア全土で食べられるようになれば、私たち朝鮮人は大もうけできるよ」とオクチュさんは屈託のない口ぶりで語っている。

私は、人とモノが移動するトランスポーターの研究の一つの事例として「越境するキムチ」と題して論文を書いた(4)。キムチは、日本、中国、そしてアメリカといった海外コリアンの住む国に越境していっているが、サハリンにおける朝鮮半島出身の人の越境を物語る切り口にもなるにちがいない。

# おわりに

韓国語に「始まりが半分だ」という諺がある。着手すれば半分終わった（成功した）も同然であるという意味である。「書き始めれば、すでに半分は終わった。あとは半分だけだ」と思いながら書き始めたのだが、正直、昔のことを思い出すには、そうとうに苦労した。そして、思い出してみれば、私のこれまでのフィールドワークは反省することばかりであった。しかし、今一番の反省は、調査地でおこったことを、もっときちんとフィールド・ノートに書いておくべきだったということである。

ともあれ、「コリアン社会の変貌と越境」と題して、私のフィールドワークの体験を記述してきた。その調査地は、韓国の小さな島である都草島から、中国、アメリカ合衆国、そしてサハリンへと拡散していった。そこには何のつながりもないように見えるが、今振り返って見れば、「離散家族」という言葉によってつながっているように思える。

もともと私の調査は、家族の研究がはじまりであった。そして、韓国社会では、一九五〇年にはじまった朝鮮戦争によって、多くの離散家族が生まれ、現在でもその後遺症にさいなまれている。しかし、それは、そのときだけのことではなかった。

都草島において見たように、韓国社会では六〇年代以降の高度経済成長にともない、地方から都市への人口流出が急激に進展し、都鄙の格差を生み出すとともに、都鄙での離散家族を増殖してきた。さらに、それは国内にとどまらず、アメリカ合衆国をはじめ英語圏へ子女を送り出すことにより、母子が海外に暮らし、父親は韓国で単身生活を送ったり、中国や東南アジアで仕事するため、子女を韓国に残して単身赴任する父親がいたりと、海外と韓国での離散家族も増加している。また、海外コリアンに目を転じても、中国朝鮮族では、労働世代が韓国に渡り、老人と子どもが中国に残され、サハリン韓人では、高齢者が母国への帰還を果たしたものの、その子女は言葉も通じないためサハリンに残るという形での離散家族が生まれている。

コリアン社会は、私が調査をしてきたこの三十年余りでも、「離散家族」を生み出す状況が続いてきたといえよう。実際、私が調査中で、お話をきかせていただいた多くの方のなかにも、そうした悲しみのなかで、たくましく生きている人たちがたくさんいた。そして、それらの人たちに、ほんとうにお世話になってきた。

そうしたお世話になった一人一人のことを思い出すと、「フィールドワークは人との出会いだ」ということをあらためて実感した。出会いに始まり、そして、そこからまた別の人にもつながっていく。そうして出会った一人一人の人の歴史を紡いでいくこと、それが私のフィールドワークであった。私事ではあるが、一九九一年に結婚して韓国に行ったとき流行っていた歌がノ・サヨンの「マンナム（出会い）」であった。「私たちの出会いは偶然ではない。それは私たちの願いだった」

で始まるこの歌は、私の十八番である。

また、「フィールドワークによって育てられる」という言葉がある。その言葉通り、実際に「ご飯を一緒に食べること」が私のフィールドワークであった。韓国では、一緒にご飯を食べないと、会ったとは認めてもらえない。そして、私には、誰と、何を食べたのか、その記憶は忘れられないものになっている。私には、「食」を通してみた韓国社会という、もう一つの研究の柱があるが、それもご飯を一緒に食べることから始まったものである。

私にとってのフィールドワークとは何だったのだろうか。それは学ぶことの楽しさであったように思う。都草島では「ハクセン（学生）」からいつのまにか「アジョシ（おじさん）」と呼び名が変わったが、私の気持ちはずっと「学び生きる」という意味では「学生」であった。韓国ではふつう男性が亡くなった後に「顕考学生附君」と位牌に書かれる。死んでもなお、学生でいられるなら、私としては本望である。

幸い、私の人生も研究も、まだ終わっていない。これからもフィールドに行くたびに人との出会いがふえていく。その時も私はフィールドワークを楽しんでいきたい。自分が楽しくないと、出会った人も楽しくないと思うからだ。

本書ではフィールドワークに直接かかわった人たちだけが登場したが、私の韓国での生活をささえてくれた人との出会いとつきあいは、さらに広く、深い。韓国での生活の保証人になっていただいた咸水坤先生。韓国語を勉強した時に下宿させていただいた盧得龍さん一家。その時代からの友人の宋聖熙さんと鄭好蓮さん。全南大学時代の学生さんたち。その中の一人である金圭烈さんから一九九一年に紹介を受けて以来、私の韓国の弟のようにつきあってくれる朴亨基さん。民博での展示の協力をお願いして以来、私のソウルでの秘書室長の役目を果たしてくださる玄泳佶さん。劉明基教授はじめ民博に客員・外来研究員として来られた先生方。韓国国立民俗博物館の諸兄姉…。

韓国だけではない。世界の各地に暮らす多くの海外コリアンの皆さんにも、ずいぶんとお世話になった。

すべての皆さんのお名前を書くことはできないが、お世話になったすべての人たちに感謝を捧げる。

# 関連文献（私のフィールドワークに関連する主な成果）

## 第一章

（1）「全羅南道都草島調査予備報告（1）―とくに婚姻について」『明治大学大学院紀要』一八：七一―八七、一九八一年
（2）「『隠居』の民族学的研究―韓国の『隠居』・覚書」『明治大学大学院紀要』一六：四三―五五、一九七九年
（3）「全羅南道都草島一農村の家族」『社会人類学年報』九：一五三―一六六、一九八三年
（4）「済州島の民家」『月刊みんぱく』一二―九、一二―一三、一九八八年

## 第二章

（1）「全羅南道都草島調査報告（2）―喪礼について」『明治大学大学院紀要』一九：四九―六一、一九八二年
（2）「全羅南道都草島調査報告（3）―契について」『明治大学大学院紀要』二〇：一七―三一、一九八三年
（3）「韓国一農村の社会的性格―契を通して」『朝鮮史研究会会報』八一号一一―一四頁、一九八五年
（4）「全羅南道都草島調査報告（4）―"chib-an"選挙にみる農村社会の一面」『明治大学大学院紀要』二一：一九―三一、一九八四年

## 第三章

（1）「韓国祖先祭祀の変化―都市アパート団地居住者を中心に」『国立民族学博物館研究報告』一三（四）七四一―七八六、一九八八年
（2）「現代韓国社会と女性―ソウル・アパート団地における主婦のネットワークから」『民博通信』四二、六三―六七、一九八八年
（3）「島の少年と」『TOKK』一九五号、一四―一五、一九八八年
（4）「Aspects of Yanbanization」Mutsuhiko Shima, Roger L. Janelli eds. The Anthropology of Korea, Senri Ethnological Studies No.49, 191-211, 1998
（5）「変貌し始める島の農村」『変貌する韓国社会：一九七〇～八〇年代の人類学調査の現場から』第一書房、一九九八年
（6）「両班の一生」『月刊みんぱく』一七―七、一二―一三、一九九三年
（7）「現代韓国社会における〈伝統文化〉の研究の現状と展望」『国立民俗学博物館研究報告』一七―四、八〇九―八五〇、一九九二年
（8）「万国喫茶往来　第五回　茶房」『季刊民族学』一二九：四三―五八、二〇〇九年
（9）「チャンスン・ソッテと小正月の行事」『季刊民族学』一五〇：六四―六六、二〇一四年
（9）「七〇年をつなぐモノ―蔚山コレクション」『民博通信』一二七：二九―三二、二〇〇九年

## 第二部

（1）森枝卓士・朝倉敏夫『食は韓国にあり』弘文堂、一九八六年
（2）「似て非なるもの」『月刊みんぱく』一三―六、一五―一七、一九八九年

**第四章**
（1）中国東北部朝鮮族民俗文化調査団編『中国東北部朝鮮族の民俗文化』第一書房、一九九九年

**第五章**
（1）「特集　海外コリアンはどう暮らす」『民博通信』一一八：二―一七、二〇〇七年
（2）朝倉敏夫・岡田浩樹『グローバル化と韓国社会―その内と外』国立民族学博物館調査報告書六九、二〇〇七年
（3）「『韓人録』の世界」『グローバル化と韓国社会―その内と外』国立民族学博物館調査報告書六九：二三三―二四〇、二〇〇七年
（4）朝倉敏夫・太田心平『韓民族海外同胞の現住所―当事者と日本の研究者の声』学研出版社、二〇一二年（韓国語）

**第六章**
（1）『在サハリン朝鮮民族の異文化接触と文化変容に関する基礎的研究』平成十六年度〜平成十八年度科学研究費補助金（基盤研究（B））研究成果報告書、二〇〇七年
（2）池田貴夫・村上孝一・朝倉敏夫・韓恵仁「在サハリン朝鮮民族の異文化接触と文化変容に関する基礎的研究：二〇〇四年度調査報告」『北海道開拓記念館調査報告』四四号、一〇三―一三二、二〇〇五年
（3）「サハリン朝鮮民族の食生活―その歴史と現在」『北海道開拓記念館調査報告』四六号、九七―一一六、二〇〇七年
（4）「現代移民の多様性　越境するキムチ」庄司博史編『移民とともに変わる地域と国家』国立民族学博物館調査報告八三、五九―六七、二〇〇九年

# 参考文献

## はじめに

伊藤亜人『韓国珍島の民俗紀行』青丘文化社、一九九九年
伊藤亜人『珍島―韓国農村社会の民族誌』弘文堂、二〇一三年
嶋陸奥彦『韓国道すがら―人類学フィールドノート三十年』草風館、二〇〇六年

## 第一章

蒲生正男「戦後日本社会の構造的変化の試論」明治大学政治経済研究所『政経論叢』三四巻第六号、一九六六年、(『現代のエスプリ　人間と親族』八〇号、一九七四年)
李光奎「隠居制度の分布と類型に関する研究」『韓国文化人類学』七輯、一九七五年
李光奎(服部民夫訳)『韓国家族の構造分析』国書刊行会、一九七八年
伊藤亜人『韓国珍島の民俗紀行』青丘文化社、一九九九年
宋基淑『岩泰島』創作と批評社(韓国語)
上野和男他編『民俗調査ハンドブック』吉川弘文館、一九七四年
金宅圭他『村落実態調査小便覧』韓国郷土史研究会全国評議会、一九九一年
網野房子「韓国済州島の老いのあり方をめぐって」伊藤眞(研究代表者)『東アジアにおける高齢者のセイフティ・ネットワーク構築に向けての社会人類学的研究』、二〇一〇年

**第二章**

柳東植『朝鮮のシャーマニズム』学生社、一九七六年
崔吉城『朝鮮の祭りと巫俗』第一書房、一九八〇年
崔吉城（真鍋祐子訳）「泣きの人類学」『恨の文化人類学』平河出版社、一九九四年
善生永助『朝鮮の契』朝鮮総督府調査資料第一七輯、一九二六年
鈴木栄太郎「朝鮮の契とプマシ」『民族学研究』一七（三）、一九六三年
伊藤亜人「韓国農村社会における契」『東洋文化研究所紀要』七一、一九七七年
伊藤亜人「契システムにみられるch'in han-saiの分析」『民族学研究』四一（一）、一九七七年

**第三章**

千鎭基『韓国動物民俗論』民俗苑、二〇〇三年（韓国語）
李御寧『韓国人の心』学生社、一九八二年
金京完「朝倉教授が聞かせてくれる都草島の話―日本人の人類学者の現地調査地を再び訪問する」『新安文化』（一三巻、二〇一三年）（韓国語）

**第四章**

小田実『中国体感大観』筑摩書房、一九八七年
延辺朝鮮族自治州概説執筆班（大村益夫訳）『中国の朝鮮族』むくげの会、一九八七年
大村益夫「中国延辺生活記」一〜四『季刊三千里』四七号〜五〇号、一九八六〜七年
金賛汀『日の丸と赤い星―中国大陸の朝鮮族を訪ねて』一九八八年
花房征夫「知られざる中国・朝鮮族を訪ねて―延辺紀行」上・中・下。『現代コリア』二七八〜二八〇号、

一九八八年
山本将文『中国の朝鮮族』東方出版、一九八九年
富田和明『豆満江に流る―中国朝鮮族自治州・延吉下宿日記』第三書館、一九九三年
吉岡忠雄「延辺から見た北朝鮮」『現代コリア』三二五号、一九九二年
金徳順（依田千百子・中西正樹訳）『金徳順昔話集―中国朝鮮続民間故事集』三弥井書店、一九九四年
大江志乃夫『満州歴史紀行』立風書房、一九九五年
高崎宗司『中国朝鮮族―歴史・生活・文化・民族教育』、一九九六年
太田凝『中国朝鮮族を見て―一公館主事の旅日記』、一九九六年
中国朝鮮族青年学会編『聞き書き中国朝鮮族生活誌』社会評論社、一九九八年
金在国（舘野晳訳）『日本人のための韓国人と中国人―中国に暮らす朝鮮族作家の告白』三五館、一九九八年
劉孝鐘＋中国朝鮮族を読む会編訳『ソウルパラム　大陸パラム―改革・開放政策下の中国朝鮮族実話小説』、一九九九年
金文学『裸の三国志―日・中・韓比較文化論』東方出版、一九九八年
鶴嶋雪嶺『中国朝鮮族の研究』関西大学出版部、一九九七年
佐々木衛・方鎮珠編『中国朝鮮族の移住・家族・エスニシティ』東方書店、二〇〇一年、櫻井龍彦編『東北アジア朝鮮民族の多角的研究』ユニテ、二〇〇四年
『朝鮮族のグローバルな移動と国際ネットワーク』アジア経済文化研究所、二〇〇六年
権香淑『移動する朝鮮族―エスニック・マイノリティの自己統治』彩流社、二〇一一年
戸田郁子『中国朝鮮族を生きる―満州の記憶』岩波書店、二〇一一年
韓景旭『韓国・朝鮮系中国人＝朝鮮族』中国書店、二〇〇一年

## 第五章

四方田犬彦、『ストレンジャー・ザン・ニューヨーク』朝日新聞社、一九八九年
高賛侑『アメリカ・コリアタウン―マイノリティの中の在米コリアン』社会評論社、一九九三年
丸山孝一「日系及び韓国系移民社会における文化の持続性と変容過程―シカゴ地区における事例研究」綾部恒雄編『アメリカ民族文化の研究』弘文堂、一九八二年
竹沢泰子「太平洋に架ける橋―日本・中国・韓国系文化」綾部恒雄編『アメリカの民族』弘文堂、一九九二年
原尻英樹『コリアタウンの民族誌：ハワイ・LA・生野』ちくま新書、二〇〇〇年
原尻英樹「ハワイのコリアン――李承晩から戦略的適応の過程」『ハワイ研究への招待』関西学院大学出版会、二〇〇四年
高全恵星監修（柏崎千佳子訳）『ディアスポラとしてのコリアン―北米・東アジア・中央アジア』新幹社、二〇〇七年
高全恵星（蓮池薫訳）『ひとの役に立つ人間になりなさい。徳は才に勝る。―人生でもっとも大切な二つの訓え』海竜社、二〇〇七年
高全恵星『仕える父母が子女を大きな人に育てる―二十一世紀が要求するオーセンティクリーダーに育てる七つの徳目』、ランダムハウス、二〇〇六年（韓国語）
高全恵星『女子野望事典―野望を実現するオーセンティクリーダーシップの十段階』中央books、二〇〇七年（韓国語）
高全恵星『エリートよりは人間になれ―六人の子どもを世界を動かすリーダーに育てた子女教育の秘訣』中央books、二〇〇九年（韓国語）

第六章

三田英彬『捨てられた四万三千人—樺太朝鮮人の長く苦しい帰還の道』三一書房、一九八一年
『朝鮮人強制連行共同労働の記録』現代史出版会
李恢成『サハリンへの旅』講談社、一九八三年
大沼保昭『サハリン棄民—戦後責任の点景』中公新書、一九九二年
角田房子『悲しみの島サハリン—戦後責任の背景』新潮文庫、一九九四年
崔吉城『樺太朝鮮人の悲劇』第一書房、二〇〇七年
『世界の韓民族』（世界韓民族叢書一〜十）統一院、一九九六年（韓国語）
『ロシアサハリン・沿海州韓人同胞の生活文化』韓国国立民俗博物館、二〇〇一年（韓国語）
田中水絵『奇妙な時間が流れる島サハリン』凱風社、一九九九年

**朝倉敏夫**（あさくら　としお）

1950年東京都生まれ。明治大学大学院政治経済学研究科博士後期課程満期退学。国立民族学博物館教授。専門は韓国社会論。韓国社会および海外コリアンの生活を家族と食の視点から調査研究する。主な著書に、『日本の焼肉　韓国の刺身』（農文協、1994年）、『世界の食文化①韓国』（農文協、2005年）、『韓国食文化読本』（共著、国立民族学博物館、2015年）などがある。

フィールドワーク選書17

コリアン社会の変貌と越境

二〇一五年十一月三十日　初版発行

著者　朝倉敏夫

発行者　片岡敦

印刷製本　亜細亜印刷株式会社

発行所　株式会社臨川書店

606-8204 京都市左京区田中下柳町八番地

電話（〇七五）七二一―七一一一

郵便振替　〇一〇七〇―二―八〇〇

落丁本・乱丁本はお取替えいたします

定価はカバーに表示してあります

ISBN 978-4-653-04247-1 C0339　

〔ISBN 978-4-653-04230-3 C0339　セット〕

# フィールドワーク選書　刊行にあたって

編者　印東道子・白川千尋・関　雄二

人類学者は世界各地の人びとと生活を共にしながら研究を進める。何を研究するかによってフィールド（調査地）でのアプローチは異なるが、そこに暮らす人々と空間や時間を共有しながらフィールドワークを進めるのが一般的である。そして、フィールドで入手した資料に加え、実際に観察したり体験したりした情報をもとに研究成果を発表する。

実は人類学の研究でもっともワクワクし、研究者が人間的に成長することも多いのがフィールドワークをしているときなのである。フィールドワークのなかでさまざまな経験をし、葛藤しながら自身も成長する。さらにはより大きな研究トピックをみつけることで研究の幅も広がりをみせる。ところが多くの研究書では研究成果のみがまとめられた形で発表され、フィールドワークそのものについては断片的にしか書かれていない。

本シリーズは、二十人の気鋭の人類学者たちがそれぞれのフィールドワークの起点から終点までを描き出し、それがどのように研究成果につながってゆくのかを紹介することを目的として企画された。なぜフィールドワークをしたのか、どのように計画をたてたのかにはじまり、フィールドでの葛藤や予想外の展開など、ドラマのようなおもしろさがある。フィールドで得られた知見が最終的にどのように学問へと形をなしてゆくのかまでが、わかりやすく描かれている。

フィールドワークをとおして得られる密度の濃い情報は、近代化やグローバル化など、ともすれば一面的に捉えられがちな現代世界のさまざまな現象についても、各地の人びとの目線にそった深みのある理解を可能にしてくれる。また、研究者がフィールドの人々に受け入れられていく様子には、人間どうしの関わり方の原点のようなものをみることができる。それをきっかけとして、人工的な環境が肥大し、人間と人間のつながりや互いを理解する形が変わりつつある現代社会において、あらためて人間性とは何か、今後の人類社会はどうあるべきなのかを考えることもできるであろう。フィールドワークはたんなるデータ収集の手段ではない。さまざまな思考や理解の手がかりを与えてくれる、豊かな出会いと問題発見の場でもあるのだ。

これから人類学を学ぼうとする方々だけでなく、広くフィールドワークに関心のある方々に本シリーズをお読みいただき、一人でも多くの読者にフィールドワークのおもしろさを知っていただくことができれば、本シリーズを企画した編集者一同にとって、望外の喜びである。

（平成二十五年十一月）

印東道子・白川千尋・関 雄二 編

# フィールドワーク選書

全20巻

四六判ソフトカバー／平均200頁／各巻予価 本体2,000円+税 臨川書店 刊

1 ドリアン王国探訪記 マレーシア先住民の生きる世界
信田敏宏 著 本体二、〇〇〇円＋税

2 微笑みの国の工場 タイで働くということ
平井京之介 著 本体二、〇〇〇円＋税

3 クジラとともに生きる アラスカ先住民の現在
岸上伸啓 著 本体二、〇〇〇円＋税

4 南太平洋のサンゴ島を掘る 女性考古学者の謎解き
印東道子 著 本体二、〇〇〇円＋税

5 人間にとってスイカとは何か カラハリ狩猟民と考える
池谷和信 著 本体二、〇〇〇円＋税

6 アンデスの文化遺産を活かす 考古学者と盗掘者の対話
関 雄二 著 本体二、〇〇〇円＋税

7 タイワンイノシシを追う 民族学と考古学の出会い
野林厚志 著 本体二、〇〇〇円＋税

8 身をもって知る技法 マダガスカルの漁師に学ぶ
飯田 卓 著 本体二、〇〇〇円＋税

9 人類学者は草原に育つ 変貌するモンゴルとともに
小長谷有紀 著 本体二、〇〇〇円＋税

10 西アフリカの王国を掘る 文化人類学から考古学へ
竹沢尚一郎 著 本体二、〇〇〇円＋税

11 音楽からインド社会を知る 弟子と調査者のはざま
寺田吉孝 著

12 インド染織の現場 つくり手たちに学ぶ
上羽陽子 著 本体二、〇〇〇円＋税

13 シベリアで生命の暖かさを感じる
佐々木史郎 著 本体二、〇〇〇円＋税

14 スリランカで運命論者になる 仏教とカーストが生きる島
杉本良男 著 本体二、〇〇〇円＋税

15 言葉から文化を読む アラビアンナイトの言語世界
西尾哲夫 著 本体二、〇〇〇円＋税

16 城壁内からみるイタリア ジェンダーを問い直す
宇田川妙子 著 本体二、〇〇〇円＋税

17 コリアン社会の変貌と越境
朝倉敏夫 著 本体二、〇〇〇円＋税

18 大地の民に学ぶ 激動する故郷、中国
韓 敏 著 本体二、〇〇〇円＋税

19 仮面の世界を探る アフリカ、そしてミュージアム
吉田憲司 著

20 南太平洋の伝統医療とむきあう マラリア対策の現場から
白川千尋 著 本体二、〇〇〇円＋税

＊白抜は既刊・一部タイトル予定